KB267774

타로로 묻고 일상이 답하다

심리상담사의
타로 테라피

타로로 묻고 일상이 답하다
심리상담사의 타로 테라피

1판 1쇄 펴낸날 2023년 12월 25일
개정판 펴낸날 2026년 3월 21일

글   자연

편집   정연우, 박유진
디자인   이원우
마케팅   강유은
제작·관리   정수진

펴낸이 정종호
펴낸곳 (주)청어람미디어 임프린트 IKKI
등록 1998년 12월 8일 제22-1469호
주소 07292 서울시 영등포구 당산동1가 459 생각공장당산 제8층 제비810호
전화 02-3143-4006~8 | 팩스 02-3143-4003
이메일 ikki@ikki.kr

ISBN 979-11-5871-293-8 03100

타로로 묻고 일상이 답하다

자연 지음

IKKI

타로를 심리상담에 접목시킨 첫 주자인 자연 소장님의 세 번째 선물입니다. 바야 흐로 핵개인화 시대를 맞이하고 있는 지금, 우리에게 중요한 것은 개인의 역량입니 다. 끊임없이 변화하는 시대의 파도를 유연하게 넘으며 건강하게 삶을 꾸려갈 수 있는 힘이 그 어느 때보다 필요한 것이죠. 이 책은 타로를 통해 자기 자신에게 오롯 이 집중할 수 있는 시간을 선사합니다. 가벼운 직관에서부터 시작하여 감정, 일상, 타인, 그리고 삶을 넘나들며 진실한 사유의 근간을 만나 보게 될 겁니다. 책이 전 하는 타로의 메시지와 성찰의 과정을 통해 우리 삶의 역량이 단단하고 정결하게 피어나길 기대합니다.

— **강은미** · 원곡고등학교 교사

타로카드의 의미를 알아도 실제 상담 상황에서는 어떻게 활용해야 할지 막막한 경 우가 있습니다. 이 책은 타로카드를 활용하여 상담을 할 때 실제적인 도움을 줍니 다. 저자는 타로에 대한 깊은 이해와 오랜 상담 경험을 바탕으로, 각각의 기질 카드 에 딱 맞는 표현과 질문을 시나리오로 알려 주기 때문입니다. 이 책에서 소개된 문 장들을 익히는 것만으로도 학생들과 깊이 연결되며 질 높은 상담을 할 수 있는 데 큰 도움이 될 것입니다.

— **조경아** · 홍천 노천초등학교 교사

타로계의 대모이자 전문 심리상담사가 저술한 이 책은 특별한 가치를 지니고 있습 니다. 교사, 심리상담사를 비롯한 타로에 관심 있는 분들에게는 어떻게 제대로 활 용할 수 있는지 새로운 장을 여는 실전서로 강력히 추천합니다. 이 책은 다가오는 시대에 학생들의 미래 역량을 강화시킬 수 있는 근원적인 노하우가 고스란히 담겨 있습니다. 소통과 이해, 그리고 타로를 이용한 심리상담에 최적화된 최초의 지침서 입니다.

— **이영희** · 중앙대학교사범대학부속초등학교 교사

나의 첫 상담자였던 자연 선생님은 나의 척척한 삶을 기름지게 일구어 주셨습니다. 이제는 도반으로서 선생님을 존경하고 있습니다. 선생님의 책을 한 장 한 장 넘기고 있자니 선생님과 함께한 시간들이 떠올라 눈물이 차올라옵니다. 이 책은 타로를 각각의 상담 현장에서 의미 있게 활용할 수 있도록 안내하고 있습니다. 타로에게 말을 걸고 싶은 사람들에게 이 책을 선물하고 싶습니다.

— **남기숙** · 전문심리상담사

교사로서 학생 생활지도가 가장 어려운 요즈음입니다. 학생들의 개성과 기질을 교사가 일일이 파악하는 것은 어려운 부분인데, 이 책에서는 타로가 그런 과정에 도움을 줄 수 있습니다. 교사가 상담 시에 꼭 해야 할 질문과 조언 한 스푼은 아이들의 깊은 속마음을 드러내어 보여 주는 역할을 충분히 할 것입니다. 또한, 이 책은 학교폭력 문제의 예방적인 지도방법으로도 효과가 있다고 생각됩니다. 교사와 학생 모두가 행복한 학교를 꿈꾸게 도와 줄 것입니다.

— **이영수** · 덕송초등학교 교사

타로 심리상담을 위한 소중한 선물 같은 책입니다! 이 책은 타로 상담에 꼭 필요한 핵심 및 상담의 방향성을 구체적으로 제시하여 타로 상담을 처음 시작하는 사람, 하고 있는 사람, 하고 싶은 사람 누구에게나 유용하고 든든한 수준 높은 실전서가 될 것입니다. 이런 지침서를 써낸 자연 선생님의 제자라는 것이 자랑스럽고, 행복하고, 고맙습니다.

— **김경미** · 의료사회복지사

진로교사로서 가장 막막했던 학생들과의 만남을 자연스럽게 이어준 타로를 알게 된 건 행운이었습니다. 자연 소장님의 타로 지침서는 학생과의 만남을 넘어서 진로 여정에 어려움을 겪고 있는 학생과 함께 길을 걸을 수 있도록 해 주는 친절한 안내자이자 조력자입니다. 타로를 통해 학생의 내면을 이해하고 상담과정에 자연스럽게 참여할 수 있도록 안내하는 구체적인 지침서를 만나게 되어 든든합니다.

— **이소라** · 영서중학교 진로상담교사

누군가의 마음에
다가갈 수 있다면

타로와 인연을 맺은 지 꼭 20년이 되었습니다. 당시 해외에 살면서 10년 동안 심리학을 공부했던 나는 역사적으로 그 시작이 언제인지 확실하지도 않은 타로카드를 만났던 것이지요.

현대의 '심리상담'과 중세의 '타로카드'가 절묘한 궁합으로 만나 내 손 안에서 재탄생되고 재해석되면서 과학과 영성이 함께 다듬어져 갔지요. 그 과정에서 탄생한 새로운 장르인 '타로 심리'는 타로의 속살을 알게 되는 것과 같습니다. 타로와 심리는 서로 다르지만 같은 것을 말한다는 사실을 알아차렸고, 그들은 내게서 또 다른 언어로 옷을 갈아입지요.

수많은 상징으로 미완의 해석을 기다리는 타로카드는 꼭 나의 삶과도 닮아 있습니다. 과학을 바탕으로 하는 심리상담사가 신비스러운 상징 속의 타로카드를 해석하며 미완의 내가 완성을 향해 가는 모습과 마찬가지로요.

나와 함께 '타로 심리상담'이라는 배에 올라 노를 저어온 고마운 도반들이 있습니다. 전국에 흩어져 살지만 오랜 세월 언제나 나를 향해 그들이 보내 주는 한결같은 지지와 응원과 격려가 있고, 언제든 무엇이든 나의 일이라면 도움을 마다하지 않는 그들이 있기에 나의 책 세 권이 탄생할 수 있었던 것이지요. 무엇보다 그들에게 고맙고 또 고맙다는 말을 전하고 싶습니다.

마지막으로 이 책은 '타로 심리'와 '타로 힐링'으로 지난 15년 동안 교육청을 비롯한 학교 현장에서 인연이 되어 만난 수많은 우리 선생님, 먼 곳으로부터 연구소까지 찾아와 교육을 받은 많은 분들, 나와 같은 심리상담의 길을 가는 동료들, 나의 든든한 지지자인 도반들께 드리는 마음의 선물이고 싶습니다.

언제나
차가운 바람은 등 뒤에서 불어오고 있지만,
따뜻한 햇살이 이 세상 모든 이들에게 좀 더 많이 비추기를 기도합니다.

2023, 겨울에
자연

차 례

너로 인해

너로 인해
우리는 새로운
세상을 꿈꾸고

너로 인해
우리의 기쁨은
배가 되었다

너로 인해
우리의 마음은
언제나 넘치고

너로 인해
우리는 '나눈다'는
의미를 알게 되었다

타로와 심리상담

타로를 심리상담에 잘 활용하고 싶어요

"타로를 어떻게 하면 잘할 수 있어요?"

"타로 심리상담의 시작을 어떻게 해야 할까요?"

"배울 때는 재밌는데 막상 학생들과 상담하려니 어떻게 사용해야 할지 모르겠어요."

이 질문들은 교사연수를 비롯해 심리상담사, 복지사, 의사, 종교인, 일반인 등 다양한 직업군을 대상으로 타로 교육을 하며 가장 많이 듣는 말이다.

타로로 상담을 하면 모두 호기심 어린 눈으로 책상 앞으로 바짝 다가오고, 흥미를 보인다는 장점이 있다. 그런데도 상담자로서 상담의 도구로 쓸 자신이 없고, 어떻게 시작해야 하는지도 모르겠다며 내게 하소연을 한다.

실타래가 엉켜 있으면 도대체 어디가 시작이고 끝인지 도통 알 수가 없다. 그럴 때 우리가 갈구하는 실타래의 시작점을 알면 일이 술술 풀리고, 바늘을 꿰어 무엇인가 자신의 용도에 맞는 물건을 만들 수도 있다. 타로를 잘하고 싶다는 질문의 바탕에는 '잘 맞히고 싶다'는 바람이 깔려 있다. 타로를 그저 미래를 맞히는 것으로만 인식하고 있다는 것이다.

그러나 나는 타로를, 자신을 보는 거울이며 무의식을 보는 도구로 심리상담에 적용하고 있다. 자신의 무의식을 알아차리는 순간, 타로는 훨씬 흥미롭고 재미있고 쉽고 유용한 도구가 될 것이다. 타로가 말을 걸고, 당신이 자신에게 답하며 실타래의 시작점을 찾을 수 있게 된다.

이 책은 실타래의 시작점을 알려 주는 지침서이다. 당신이 만들고 싶은 자신과 타인의 옷에 소통이라는 무늬를 넣어 보라.

타로는 그 자체로 매력적이다

타로는 그림으로 이루어져 있어 심리상담의 도구로 상담에 활용하기 매우 쉽다는 장점을 지니고 있다. 타로를 상담이나 치료 과정에서 사용하면 풍부한 상상력과 흥미를 이끌어내어 내담자나 학생, 질문자를 부담 없이 적극적으로 참여하도록 한다. 선생님과의 면담이나 상담 장면에서 어색함을 줄이고 좀 더 쉽게 개방적이고 흥미로운 분위기를 만들어 낼 수 있다. 내담자는 타로라는 매개체를 이용하기 때문에 표현이 쉽고, 시각적이며 동시에 언어 중심적일 수 있다. 이렇듯 타로는 그 자체로 매력적이다.

마음의 상처는 저 깊은 곳에 꼭꼭 숨겨져 잘 드러나지 않는데, 타로를 이용하면 그 아픈 곳이 그림에 반영되어 보다 쉽게 드러나거나 말로 표현하게 된다. 상담을 이끄는 당신에게도 '오호!' 하며 진정한 무의식을 알아차리는 순간을 선사할 것이다.

타로에 관한 오해와 진실

심리상담사인 나의 경우 '타로'는 더없이 좋은 심리상담 도구이다. 타로는 상징으로 이루어져 있어 치유와 상담 과정에서 내담자의 무의식에 쉽게 접근할 수 있기 때문이다. 마음이 꽁꽁 닫혀 있던 내담자라도 타로카드를 꺼내 놓으면 일단 흥미를 보인다. 타로는 내담자에게도 부담을 덜 느끼게 하는 효과가 있어서 상담 시간을 단축시키는 데도 효과적이다.

그런데 내가 타로카드를 섞는 모습만을 본 사람들은 나를 '점쟁이' 정도로 생각한다. 단순히 타로가 '점(占)'을 치는 도구인 줄로만 아는 까닭이다. 하지만 '타로'의 잠재력은 엄청나다. 알고자 한다면 타로는 삶의 비밀을, 나의 내면을 거울에 비춰 내듯 보여 줄 수 있다.

타로는 심리상담과 어떻게 연결되는가?

타로카드의 그림을 덮은 상태에서 질문을 하고 한 장 또는 여러 장을 뽑아 카드의 의미를 해석하여 미래를 예측하는 것이 대표적인 타로 이용 방법이다. 내가 뽑게 되는 그 카드는 나에게 어떤 의미가 있을까? 그 답은 바로 동시성(synchronicity) 때문이다. 당신의 현재 에너지가 당신이 뽑은 타로카드를 통해서 보여지는 것이다. '동시성의 교감'이라는 단어로 주로 표현된다.

　하지만 앞으로는 카드를 뽑지 않고 카드의 그림을 직접 보면서 상담하는 것에도 많은 도전을 해 보기를 바란다. 그림을 보고 하는 상담은 투사(projection)라는 개념으로 설명할 수 있다. 투사란 개인의 성향인 태도나 특성에 대하여 다른 사람에게 무의식적으로 그 원인을 돌리는 심리적 현상이다.

　카드를 덮은 상태에서 뽑은 카드를 해석하는 것과 카드를 직접 보고 상담하는 것이 무엇이 더 좋다거나 옳다고 말할 수는 없다. 두 가지를 적절히 사용한다면 타로의 더 넓은 세계 속에서 상대를 더 잘 이해할 수 있게 될 것이다.

타로의 구성

　이 책에서 내용을 설명하기 위해 사용하고 있는 카드는 '유니버설 웨이트'라는 이름을 가진 타로이다. 현재는 타로카드의 의미와는 상관없이 그려지는 카드의 종류가 전 세계적으로 7천 종 이상이라고 한다. 일러스트레이터라는 직업이 생기면서 예쁘고 재미있게 그림을 그리고 '타로'라는 이름을 붙이는 사람이 많이 늘어났기 때문이다.

　전통적인 유니버설 웨이트 타로카드는 총 78장이며, 14세기에 유대교에서 진리에 대한 가르침과 인간 삶에 대한 성장을 상징화하여 그려지기 시작하여 지금까지 수많은 변천을 거쳐 오늘에 이르고 있다. 카드는 22장의 메이저 카드와 56장의 마이너 카드로 구성되어 있다.

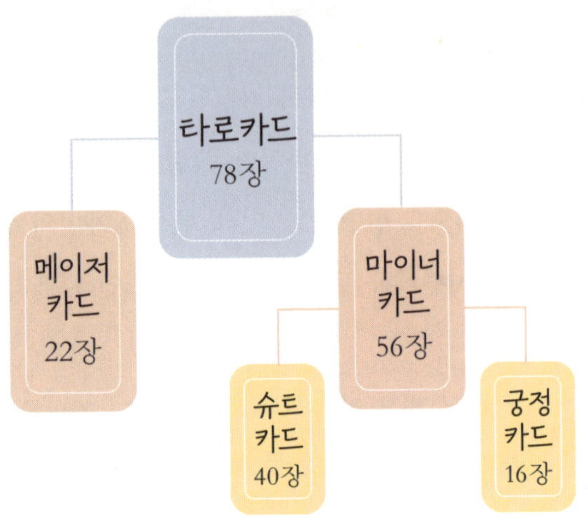

기질카드 계산법

생년월일 숫자 하나하나를 모두 합해서 나온 숫자로 자신의 기질카드 또는 평생카드를 찾아낸다. 기질카드는 그 숫자에 해당하는 메이저 카드로, 자신의 잠재능력과 성격, 개성 등을 보여 준다. 또한, 내가 14년 전에 2천 명이나 되는 일반인과 아주대학교 인문계열 학생 전체를 대상으로 기질카드 통계를 내 본 적이 있는데 이때의 경험과 통계자료가 이번 책 작업에 많은 도움을 주고 있다.

예를 들어 설명해 보면,

1987년 04월 24일생 :

1 + 9 + 8 + 7 + 0 + 4 + 2 + 4 = 35

숫자의 합인 35가 23 이상이므로 각각의 숫자를 한 번 더 더해 준다.

3 + 5 = 8

이 사람의 경우 8번 카드가 기질카드 또는 성격카드라고 볼 수 있다.

여기에서 기억해야 할 것이 있다. 메이저 카드가 22장이므로, 숫자들의 합이 1~21일 경우 메이저 카드 숫자 그대로 기질카드가 되고, 숫자들의 합이 22가 나온다면, 0번 카드가 기질카드가 되고, 숫자들의 합이 23 이상인 경우, 한 번 더 더해 줘서 나오는 숫자의 합이 기질카드가 된다.

기질카드 활용법과 MBTI

요즈음 젊은 층이나 학생들 사이에서 MBTI 검사가 유행하고 있다. 또한, 타로나 사주, 신점도 성행하고 있다. 이유가 뭘까? 상대방과의 관계가 점점 힘들어져서 상대방을 이해할 수 없는 자신의 한계 때문은 아닐까? 자신의 종잡을 수 없는 마음을, 그리고 상대방의 마음에 대한 불확실성을 해소하고 싶은 열망이 녹아 있는 것이라고 본다. 나아가 검사를 통해 각자 다름을 확인하고 이해받고 싶은 것이다. 우리는 이것을 확인하는 데 그치지 않고 자신이 맺는 대인관계의 행동 패턴과 자기 이해가 필요하다. 그리고 변화에 대한 열망이 있다면 힘겹지만 고쳐가도록 노력하는 것이 필요하다.

평상시 자신이 고수하던 자신만의 방식이나 습관을 과감하게 개선하려는 노력으로 수정이 되었을 때 진정한 자기 이해에 가까워진다. 상대방과의 관계에서 발전적인 양상으로 나아가는 것이다.

기질카드를 통해 집중해야 할 자기 이해

먼저 나 자신에 대한 이해부터 시작해 나와 다른 타인의 생각과 행동 패턴에 대해 이해할 수 있도록 카드를 활용한다. 예를 들어 카드를 사용해 보기로 하자.

직장에 같이 일하는 동료 중에 껄끄러운 사람이 있을 때, 그녀의 생일을 넌지시 물어 보자. 그녀의 기질을 평생카드로 이해하고, 다음은 그녀에게 다가가 타로카드를 펼치고 대화를 시작한다면 그녀는 당신에게 자신의 깊은 속내를 이야기하기 시작할 것이다. 그녀에 대한 이해가 자연스럽게 일어나고 당신은 대인관계에서 자신감을 얻어 회사는 가고 싶은 곳이 될 것이다.

이것은 타로카드의 활용법이자 대인관계를 개선하는 방법 중 하나이다. 타로를 사이에 두고 서로가 깊은 속내와 고민을 나눔으로써 서로 간의 간격이 좁아지고 인간적인 정서 교류가 가능해지므로 여러 대인관계 측면에서 사용하면 좋은 도구이다.

타로를 통해 하나의 사각 그림 안에 그려진 상징과 당신의 마음 속 이야기가 담겨 서로에게 치유가 자연스럽게 이루어질 것이다.

타로카드 퍼즐

활동 목표	기질카드를 통해 자신을 탐색하고, 내가 지향하는 미래 모습을 생각해 볼 수 있다.			영역	자기 발견
				대상	초등 이상
분야	심리	준비물	타로카드(메이저), 퍼즐판(종이 프린트 형태), 필기구	집단 구성	팀당 8명 이내
				소요 시간	1시간
유의 사항	◆ 타로카드를 자세히 살펴보며 각 카드의 의미를 충분히 이해할 수 있도록 유도한다.				

진행	내용
준비	◆ 생년월일을 통해 각자의 기질카드를 찾아 본다.
전개	❶ 각각의 기질카드에 대한 설명을 통해 자신의 기질을 이해한다. ❷ 자신의 기질카드에 해당되는 퍼즐판의 퍼즐 조각을 맞추어보고, 한 조각을 제외한 나머지 조각이 다 맞춰지면 풀칠하여 고정한다. ❸ 남은 한 조각의 자리는 직접 그려서 완성한다. ❹ 기질카드와 관련한 나의 장점과 개선점을 정리하여 작성해 본다.
정리 및 기대 효과	◆ 개인별 기질카드의 특성에 대해 더욱 깊이 있게 이해하게 된다. ◆ 자신의 장점을 적어봄으로써 자신감을 향상시키게 되고, 개선점을 적어봄으로써 자신을 돌아보며 더 나은 방향을 도모할 수 있다.

이미지 기억하기

활동 목표	마이너 카드의 이미지를 숙지함과 동시에 친목 도모의 시간을 가질 수 있다.			영역	친목
				대상	청소년 이상
분야	자기 존중감 향상	준비물	타로카드(마이너)	집단 구성	팀당 8명 이내
				소요 시간	50분
유의 사항	◆ 즐거운 마음으로 적극적으로 참여한다.				

진행	내용
준비	◆ 마이너 카드 중 한 원소를 정하고 해당 원소의 카드를 자세히 살펴본다. ◆ 해당 원소의 카드를 두 세트 준비한다.
전개	❶ 두 세트의 카드(총 20장)를 섞어서 뒤집어 놓는다. ❷ 본인의 순서일 때 2장의 카드를 뒤집어서, 같은 카드일 경우 가져간다. ❸ 카드를 많이 획득하는 사람이 우승!
정리 및 기대 효과	◆ 게임을 통해 자연스럽게 마이너 카드의 이미지를 익힐 수 있게 된다. ◆ 기억력과 순발력 향상에 도움이 된다.

제 1 장

메이저 카드

1

0

바보
The Fool

실수를 통해서 배우는
바보가 되어라.

◆ 0번 카드에서 무엇이 가장 먼저 보이는가? 남자? 그의 손에 들린 흰 꽃? 바로 앞의 낭떠러지? 여행을 떠나려는 한 남자에게 시선을 뺏긴 당신. 혹시 일상을 탈출하고 싶거나 생각이 많아 어디론가 떠나고 싶은 마음이 든다면, 그 마음은 곧 우리 삶의 출발이고 여행의 시작을 나타낸다.

◆ 그가 들고 있는 흰 꽃은 우리의 순수한 마음과 인간이 태어나 찾아야 하는 본질을 나타낸다. 남자의 바로 앞에 있는 낭떠러지에 시선이 멈췄다면 낭떠러지 밑에 무엇이 있을까 여러 가지 상상을 하게 될 것이다.

◆ 이처럼 사람에 따라 가장 먼저 눈에 들어오는 이미지가 다르다. 그렇기 때문에 카드 한 장에 들어 있는 상징의 세계는 무궁무진하고, 사람과 상황에 따라 다르게 해석될 수 있으며, 마음을 전달하는 소통의 도구가 될 수 있다. 이 세계에서 우리는 '바보' 카드의 주인공처럼 생각을 비우고 열린 마음으로 삶의 여행을 시작해야 한다. 자, 준비가 되었는가?

자유롭고 열정 가득한 가슴형

머리보다는 가슴을 더 움직인다. 속박당하는 것을 극도로 싫어해서 대가를 치르더라도 자유로워지고자 한다. 자주 스트레스를 풀기 위해 물질적 대가를 적지 않게 치를 수 있다.

도전하고 예술적인 성향

행동과 자극을 갈망하고, 강한 자신감을 갖는 성향이 있다. 가끔은 충동적이기도 하며, 바라는 결과가 빨리 나타나지 않으면 과감하게 일을 접거나 올인을 하는 경향이 있다.

용기와 모험심에서 새로움을 얻는다

늘 하던 패턴을 따르기만 하지 않고 창조적인 아이디어를 새롭게 떠올린다. 용기가 지나치면 다른 사람은 고려하지 않는다는 말을 들을 수 있으니 주의가 필요하다.

♦ 이렇게 표현하면 좋아요

호기심, 용기	여러 방면에 호기심도 많고 하고 싶은 것도 많은 자유로운 성향을 지닌 친구로군요.
무절제	친구들에게 뭘 사 주거나 쇼핑하는 데 용돈을 많이 쓰는 편인가요?

관계

단순하면서도 유쾌한 친구를 좋아하는 경향이 있다. 이들을 있는 그대로 인정하면서 인내심으로 지켜봐 주는 관계를 선호한다.

이들을 긍정적으로 바라보는 다른 기질의 사람이 곁에 있다면 변덕스럽고 무모해 보이는 성격을 장점으로 승화시키는 데 도움이 된다. 또한, 이들의 기질을 받아들이면서도 자신의 색을 지켜나가는 사람이 곁에 있다면 그들은 이들의 창의력과 자신감을 더욱 북돋워 준다. 적절한 몰입으로 다른 사람과 조화롭게 어울리는 방법을 배운다면 삶이 보다 즐겁고 인간관계의 폭도 더욱 넓어질 것이다.

상담의 방향성 - 용기

용기는 자신에게 비겁하지 않고, 당당하게 올바른 삶을 살아가는 것을 말한다. 용기를 가지기 위해서는 가슴 깊은 곳에서 들려오는 소리에 집중하며 두려움을 극복해야 한다. 두려움에 맞서 도전하며 그 일을 해냈을 때 자신뿐만이 아니라 타인에게도 감동을 주고 열정의 불씨를 심어 준다.

여행을 시작하는 자의 무모함과 그 무모함을 극복할 수 있는 용기에 초점을 맞춰 상담을 시작해 보자.

1. 뭐든 다 할 수 있다면 어떤 일을 하고 싶을까?

'바보' 카드는 시작의 의미를 강하게 지니고 있다. 즉, 가볍고 단순했던 지금까지와는 다른 출발을 하라는 용기를 주는 카드이다.

'바보' 카드가 나왔을 때, 자신이 지금 동굴에 틀어박혀 있는 것은 아닌지, 지금이 새로운 것을 시작해야 하는 시점이라면 무엇을 가장 먼저 하고 싶은지, 또는 어떤 것에서 벗어나 어디로 자유롭게 여행을 떠나고 싶은지 물을 수도 있다.

2. 그가 메고 있는 가방 안에 무엇이 들어 있을까?

그리고 당신이라면 가방 안에 넣고 싶은 것은 무엇인가?

이유는?

가방이 작은 이유는 단순하게 시작하라는 신호이다. 삶의 목표를 이루기 위해 실현 가능한 일부터 시작하라. 넣고 싶은 것들이 무엇인지에 따라 지금 원하는 것과 보존하고 지키고 싶은 것을 짐작할 수 있다. 여행 가방이 무거우면 진정한 여행과는 멀어진다는 것을 기억하기 바란다.

3. 발 아래 절벽을 두고 위만 향하는 모양새를 보고 어리석다고 느껴졌다면?

당신 자신에 대해 좀 더 높은 기준을 세우고 자신에게 좀 더 좋은 평가를 해 주는 것이 필요하다. 과거에 얽매어 있었다면 이제 새로운 출발이 가능한 시간임을 알려준다.

무언가를 새롭게 시작한다는 것은 쉬운 일이 아니지만, 자리를 박차고 일어나기 전에는 아무것도 일어나지 않으니 일단 시작해야 한다.

일단 시작해야만 고난도, 슬픔도, 공포도, 기쁨도, 환희도 만날 수 있다. 그러나 무언가를 시작하는 데 주의해야 할 것이 있다. 주의해야 할 점에 대해 상담자와 내담자는 그림을 보며 찾아 보고 얘기를 나눈다.

어울리는 직업

화가, 극작가, 가수, 국악인, 승무원, 뮤지컬배우, 연예인, 의상디자이너, 메이크업 아티스트, 코디네이터, 광고기획자, 조향사

조언 한 스푼

◆ 그가 멘 봇짐처럼 당신의 짐도 가볍게 하라.
◆ 모든 가능성은 나에게 열려 있다.

마법사
The Magician

무엇이든 할 수 있고,
무엇이든 될 수 있다.

◆ 마법사는 마치 수많은 대중 앞에서 무언가를 설명하고 가르치는 듯한 자세로 서 있다. 그는 하늘과 땅을 가리키고 있으며, 이 책상 위의 네 가지 물건을 자유자재로 다룰 수 있는 것 같다. 그것은 많은 것들을 다룰 수 있는 능력을 나타내기도 한다. 그것들을 제대로 다스려서 자기 내면의 재능을 찾아낸다면 마법의 힘을 발휘할 수도 있다는 신호이다.

◆ 주위에는 아름다운 꽃이 흐드러지게 피어 있다. 마법사 주위의 꽃은 그에게 신의 축복이 함께함을 의미한다. 마법사 머리 위의 무한대 표시는 가능성을 보여 준다. 즉, 이 카드는 출발과 독창성, 자신만의 기술, 의사소통 능력, 가능성을 나타내고 있다.

◆ 관계와 상황을 바꿀 기회가 바로 지금이며, 그럴 가능성이 임박해 있음을 알아차려야 한다. 삶이라는 마법을 잊고 있지는 않은지!

성격

뛰어난 독창성과 어휘력

자신이 생각한 것이나 본 것을 말로 표현하고 구체적인 예를 들어가면서 토론을 이끌어가는 것을 아주 좋아한다. 정보 전달력이 좋으며 표현에 뛰어난 재능을 가진 사람이다.

사람을 끌어당기는 카리스마와 매력

매력적인 분위기를 풍기면서 이들의 능력이 발휘되면 사람들은 주문에 걸린 듯이 빨려든다. 강요하지 않는 부드럽고 자상한 힘을 가지고 있기 때문이다.

중재자의 역할을 하는 다재다능함

때에 따라 아주 차가운 모습을 보이기도 한다. 객관적으로 보는 힘과 이성적으로 추리하는 힘을 동시에 가지고 있다. 중재자 역할도 잘해서 이들은 존재만으로도 많은 인정을 받는다.

♦ 이렇게 표현하면 좋아요

개척, 창조	새롭게 일을 개척하거나 창작하는 데 능력이 많은 친구로군요!
사교성	주변 사람을 집중시키는 매력이 있어서 친구들이 당신 얘기에 금세 빠져들 것 같네요!

자신의 독창적이고 창조적인 에너지를 인정해 주고 이들의 실수를 받아 주며, 이들에게 용기를 주고 믿음을 가지고 계속 응원해 줄 수 있는 관계를 만든다. 자신의 다재다능한 모습을 높이 평가해 주는 사람이 곁에 있다면 이들은 더욱 힘을 얻고, 실망시키지 않고 모범을 보여 주기 위해 애쓰며 자신의 능력을 백분 발휘할 것이다.

| 상담 방향성 – 자기 존중

자기 존중감은 스스로가 가치 있는 존재라고 느끼는 감정이다. 우리에게는 삶에서 만나는 역경을 이겨낼 능력이 있으며, 필요한 것과 원하는 것을 당당하게 표현하고 실천해 가며 스스로 행복해질 수 있다고 믿는 감정이다. 우리는 얼마나 자신을 사랑하고 있는가? 자기 존중감은 저절로 생기는 것이 아니다. 우리가 터득해야 하는 삶의 기능이다.

자신의 부족함이나 후회스러움을 가슴에 깊이 오래도록 담아두지 말고, 자신의 긍정적인 면을 거짓 겸손과 우월감 없이 인정하는 것이 필요하다. 또한, 자신의 부정적 속성을 열등감 없이 자학하지 않으며 시인하는 마음이 토대가 된다면 그것이 바로 자기 존중감으로 이어질 것이다.

1. 마법사의 붉은 옷에서 그의 열정이 보인다. 이처럼 당신도 열정이 가득하다면 당신의 에너지는 어디를 향해 있는가? 지금 상황에서 어떤 기술과 능력이 필요한가?

   책상 위에 있는 모든 재료들은 그가 다룰 수 있는 능력이자 기회를 의미한다. 자신의 능력을 과신해서 에너지를 다른 곳에 낭비할 수 있다. 하지만 자신의 무한한 힘을 자기 강화와 타인의 발전을 위해 사용한다면 한층 더 성숙해질 것이다. 더 이상 망설이지 말고, 자신을 믿고 용기 있게 전진해야 한다.

2. 마법사의 손은 하늘과 땅을 가리키고 있다. 당신은 다른 사람들과 어떻게 의사소통을 하는가? 의사소통에서 어떤 능력을 가지고 싶은가?

   두 팔을 벌려 하늘과 땅을 가리키는 모습이 중간자 역할이나 소통을 의미한다면 누구와의 관계에서 어떠한 소통에서 가장 목마름을 느끼는지 물어 보고 얘기를 나눈다.

   아니면 당신이 중간자 역할을 할 때는 누구와 누구 사이에서 주로 하는가?

   지금도 자신이 이런 역할을 할 필요성을 있다고 느끼는지, 아니면 다른 사람들이 이런 역할을 해 주면 좋겠다고 생각하는지에 대해서도 상담에서 함께 다루면 좋다.

3. 어릴 때 가장 자주 들었던 말은 무엇인가? 요즈음 가장 많이 듣는 말은 무엇인가? 주변의 사람들로부터 듣고 싶은 말이 있다면?

자기애와 자기 존중감에 방해되는 말이 무엇인지 찾아가는 작업을 통해 현재 자신의 생활 태도에 영향을 미치는 것은 무엇인지 알아차리도록 한다.

자신의 내면을 들여다보라. 자신이 알아차리지 못한 무한한 잠재력이 숨어 있을 것이다. 그 능력을 살리는 것도, 죽이는 것도 모두 내가 결정할 일이다. 가장 듣고 싶은 말을 3번 큰 소리로 말해 보라!!!

어울리는 직업

외교관, 정치인, 창업자, 노무사, 공인중개사, 변호사, 의사, 헤드헌터, 마케팅매니저, 우주비행사, 큐레이터, 엔지니어

조언 한 스푼

♦ 자신이 듣고 싶은 말을 자주 타인에게 해 보라.
♦ 자신이 가진 능력을 앞에 두고 다른 곳에서 찾지 마라.

2

고위 여사제
The High Priestess

이미 내게 있는 것이 지혜!

◆ 여사제의 뒤를 보면 흑과 백의 기둥과 그 사이에 드리워진 장막을 볼 수 있다. 여사제는 손에 '지혜'를 상징하는 토라(Torah)를 두르고 앉아 있다. 토라는 유대교의 경전으로, 이는 그녀가 추구하는 끝없는 지식과 영적 권위를 상징한다.

◆ 그녀의 뒤에 흐르는 물은 보일 듯 말 듯 장막으로 가려져 있다. 가려진 물의 높이는 꽤나 높다. 물이 그녀의 감정이라면 파도치지도 않는 고요함으로 그녀의 감정을 잘 다스리면서 한쪽에 치우치지 않으려는 냉철함이 드러난다. '여사제' 카드는 지금은 내 안에 집중하여 직관의 소리에 귀를 기울여야 할 때를 말한다.

◆ 지혜란 의식과 무의식, 이성과 감정의 두 기둥으로 표현되는 그 어느 것에도 치우치지 않는 데에서 나온다. 흑백의 두 기둥 사이에 앉아 있는 여사제의 모습은 이를 상징적으로 잘 나타내고 있다. 우리의 감정은 기울고 차오르기를 반복하는 달처럼 늘 변하지만, 지혜는 저력의 표면화이고 의식의 저편에서 솟아오르는 은은한 달빛이다.

이성적이고 동시에 직관적인 성향

침착하고 공감을 잘하며 감정을 조절하려는 경향이 있다. 직관적이며 매우 예민한 감수성을 지니고 있다. 이성적이면서도 감정이 대단히 풍부하여 때때로 극단적인 감정 상태를 오가는데, 분노의 감정을 분출하는 것과 억제하는 것 사이를 왕복하는 경향이 있다. 감정을 뒤로 숨기려 애쓰는데 그것이 항상 옳은 것은 아니다. 자신의 감정 표현을 외면하거나 거부하지 말고 때로는 자유롭게 표현할 것을 권한다.

조언자와 상담자 역할도 어울리는 감수성의 소유자

겉으로는 연약한 사람으로 보일 수도 있으나 그것은 오산이다. 이들이 선천적으로 가진 민감한 감수성은 다른 사람에게 상담자와 조언자로서 삶의 방향성을 잡아 줄 수 있을 것이다.

♦ 이렇게 표현하면 좋아요

비밀, 직관	논리적이고 이성적이면서 비밀도 잘 지켜서 친구들이 상담받으려고 많이 올 것 같군요!
이성적	우아하고 도도해서 매력이 있지만 친구들에게 냉정하다는 말도 들을 것 같네요!

관계

이들은 자신과 비슷한 성향을 가진 사람에게 먼저 끌린다. 일상의 잡다한 이야기보다는 영적이고 정신적인 대화를 더 선호한다. 함께하는 사람들이 이들을 배려하고 인내심을 가지고 정신적 보폭을 맞춘다면 좋은 관계가 오래 유지된다.

그러나 이들은 자신의 영역을 침범당하는 것을 좋아하지 않아서 오래도록 만나고 싶다면 적당한 거리를 유지하는 것이 좋다. 그리고 이들은 상담과 조언을 잘한다. 선천적으로 가지고 있는 정신적 차원에서 다른 사람을 이해하는 민감한 감수성이 다른 사람들에게 많은 도움을 줄 수도 있다.

상담 방향성 – 수치심 반대말은 공감과 용기

수치심은 스스로를 부끄러워하는 마음이다. 자기 안의 부끄러운 부분을 인정하고 드러낸다는 것은 정말 어려운 일이다.

수치심을 치유하기 위해 자신의 긍정적인 면과 장점을 발견하고 인정하자. 자신을 더 깊이 이해하며 자존감을 키우고, 성공했던 기억을 자주 떠올리고, 과거의 실수나 부족함에 대해 지나치게 자책하지 말자. 긍정적으로 변화시켜 주는 말과 생각을 자주 떠올려 본다. 스스로에 대해 자신이 완벽하지 않아도 괜찮다는 것을 받아들이자.

1. 가장 들키기 싫은 나의 모습은 무엇인가? 나의 모습 중 마음에 들지 않고 외면하고 싶은 부분은?

　이 카드에서는 달이 치맛자락에 걸려 있으며, 여인의 모든 의상과 장막까지도 모두 가려진 상태로 등장하고 있다.

　'의식 지도'의 창시자인 정신과 의사 데이비드 홉킨스는 인간의 의식 수준을 18단계로 구분했으며, 가장 아래 단계가 '수치심'이다. 그에 따르면 수치심은 죽음과 맞닿은 밑바닥의 감정이며, 불안과 분노, 공포, 두려움 등은 모두 수치심을 기반으로 한 감정이다. 때문에 무언가를 해 보고자 하는 의욕과 에너지를 빼앗아 버려 사람이 제 기능을 못 하도록 만든다.

2. 그러면 우리는 어떻게 하면 수치심을 줄일 수 있을까?

　수치심을 줄이는 첫 단계는 수치심을 느끼는 순간을 정확히 인식하는 것이다. 똑바로 바라보기가 두렵다는 이유로 외면하고 숨기거나 미화시키면 수치심은 우리 의식의 깊은 곳에 무겁게 깔린 채 긍정적인 감정들을 삼켜 버린다.

　자신 안의 가장 부끄러운 부분을 인정하고 드러내는 것은 아주 어려운 일이다. 하지만 기둥 너머 장막 뒤에 숨겨둔 물처럼, 마음속 깊이 숨겨둔 물을 퍼내는 작업은 가장 들키기 싫은 나의 모습을 벗기는 작업이다.

3. 이성적인 판단이나 행동이 필요할 때는 어떻게 하는가?

흑백의 양 기둥 사이에서 정좌하고 있는 그녀는 자신의 감정을 장막 뒤로 하고 이성적인 면을 강조하고 있다. 그녀 뒤로 흐르는 물, 즉 그녀의 감정은 파도도 없이 잔잔하다.

지금은 감정적으로 행동하기보다 이성적으로 다가가는 것이 좋겠다는 신호이다. 학생들의 진로상담을 할 때, 마음이 가는 쪽보다는 이성적으로 신중을 기할 필요가 있다는 조언을 해 주면 좋다. 달의 변화에 주기가 있듯이 어떤 리듬이나 주기를 인식하는 것의 필요성에 대해 상담한다.

▌어울리는 직업

아나운서, 심리상담사, 종교인, 법조인, 호텔 컨시어지, 교사, 항공승무원, 안무가, 플로리스트, 방송연출가, 상담 및 교육 연구직

▌조언 한 스푼

♦ 부정적인 마음도 있는 그대로 받아들여라.
♦ 내 마음 깊은 곳에서 인정받고 싶은 욕구를 자신이 먼저 인정하라.

3

여황제
The Empress

고래도 춤추게 하는 힘!

◆ 안정감을 나타내는 이 카드의 여황제는 어머니를 상징한다. 나의 어머니를 상징할 수도 있고, 내 안에 있는 모성을 상징할 수도 있다. 그녀는 따뜻하고 안정적이며 양육하는 존재이다.

◆ 이 카드는 나무가 푸르게 자라듯이 누군가를 돌보고 성장하도록 힘을 주는 사람임을 표현하고 있다. 그림의 배경에는 역시 풍요로움을 상징하는 푸르른 숲이 보이고 폭포가 흐른다.

◆ 아름다운 장소에 그녀는 편안하게 소파에 앉아 있다. 반쯤 누워 있는 것으로도 보이는 자세는 긴장되지 않음을 나타낸다. 여황제가 입고 있는 옷의 무늬는 석류가 그려진 드레스를 입고 있다. 석류는 '물질적인 풍요', '여유로움', 그리고 '편안함'을 의미한다.

◆ 더군다나 벨벳의 카펫도 붉은색으로 그녀의 생명력을 상징한다. 다리의 곡선이 드러난 그녀는 매우 안정된 자세로 앉아 있으며 서양의 주식인 밀이 발아래 가득하다. 모습만으로도 모성적이면서 편안함을 주는 여황제 뒤에 녹색 숲도 생명력 있게 자라고 있다.

성격

풍요롭고 느긋한 성품

설득자이고 사업가이며, 타인을 잘 보살피고 성장할 수 있도록 돕는다. 이들은 커다란 안정감과 능력이 있고, 결단력도 갖고 있어서 원하는 것을 얻어 안락하고 풍요로운 삶을 산다.

경청하며 기다리고 설득하는 성향

다른 사람의 이야기에 귀를 기울여 관찰하고 기다릴 줄 아는 것이 이들의 장점이다. 이들의 뛰어난 설득력은 사실 그대로를 관찰하고 지켜보는 능력에서 비롯된 것이다.

타인이 잘 성장할 수 있도록 돕는 능력

타인의 부족한 면이나 약점을 한눈에 파악하여 적절한 해결책과 올바른 방향을 제시하는 능력이 있다. 다른 사람이 잘 성장할 수 있도록 돕고 이롭게 하는 경향이 있다.

♦ 이렇게 표현하면 좋아요

풍요, 편안함	친구들과도 잘 지내고 포용력도 좋아서 친구들이 많을 것 같아요!
느긋함	가지려는 마음이 크면 다 가질 수 있는 능력 때문에 게을러질 때가 있으니 조심해요.

대부분의 사람과 잘 어울리며 주변에 사람들이 항상 많은 편이다. 부드러우면서도 지도력과 강단이 있으며 매우 진실하고 의리가 있다. 그리고 양극을 포용할 수 있는 힘도 있다. 자신의 도움이 필요한 사람들을 돕는다면 많은 사람이 이들로부터 성장의 도움을 받을 것이다. 주변 사람들도 이들의 이러한 진실한 배려를 이해하고 함께하면 이들과 좋은 관계를 맺을 수 있다.

| 상담 방향성 - 인정과 지지

인정과 지지는 존재의 안정감을 느끼게 하고 앞으로 나아갈 수 있는 힘이 되어 주며 자신의 정체성을 느끼게 한다. 또한, 자신을 인정해 주는 이에게는 순종하는 성향이 있기도 하다. 사회적 성취를 중시하는 남성들은 특히 더 인정받고자 하는 욕망을 강하게 느낀다고 한다. 하지만 인정받고 싶은 마음이 지나치면 '인정 중독'에 빠질 수 있으니 조심해야 한다.

지지는 판단하지 않고 타인의 행위를 인정하는 것, 충고하고자 하는 마음을 누른 채 타인의 이야기를 들어 주는 것이라고 할 수 있다.

1. 어머니에게 어릴 때 가장 많이 들었던 말은 무엇인가? 어머니에게 가장 듣고 싶은 말은?

어머니와의 관계에서 어린 날의 자신을 돌아보며 '내면 아이'를 회상한다. 또는 동생의 출생으로 처음 질투를 느끼고 사랑하는 존재를 빼앗길지 모른다는 공포심까지 느꼈을 때를 떠올려 본다. 자신이 왜곡하고 있던 어머니에 대한 기억으로 나이가 먹은 뒤에도 삶이 흔들리는 경우가 있는지 상담에서 다룬다.

2. 나를 인정하고 지지해 주는 사람은 누구인가? 없다면 누구였으면 좋을까?

질투의 감정을 느낀 것은 주로 누구이고 어떤 상황이었는지 생각해 보자. 인정과 지지를 받고 싶은 감정이 질투와 가식적인 칭찬 등 다른 방향으로 변질될 수 있다. 꾹 눌러 놓은 질투의 감정을 치유하는 해법은 솔직함이다.

이것을 실천하기 위해 질투하는 마음에 대해 다른 누군가에게 털어 놓는 방법을 연습하도록 조언한다. 때로는 상대에게 시기나 질투의 감정을 갖고 있다면 솔직한 감정을 털어 놓는 시간을 갖도록 하는 것도 좋다. 만약 바로 그렇게 실천하지 못하더라도 시간을 가지고 기다려 보는 것도 좋다. 여황제 뒤에 있는 나무들이 초록으로 잘 성장하듯이 내담자로 하여금 상담자가 자신을 지지하고 있음을 알아차리게 하는 것만으로도 상담의 절반은 성공한 셈이다.

3. 결핍감을 느끼는 것 중에서 현재 당신에게 가장 필요한 것은 무엇이라고 생각하는가?

노고에 대한 보답의 표시로 여황제의 발아래에 노랗게 익은 벼 이삭이 보인다. 그동안 자신 안에 키워왔던 내면적 갈등이 있었다면 그 갈등이 해결되면서 만족할 만한 결실을 맺을 시기이며, 일과 공부에 대한 결실도 무르익는 시기라고 말해 준다면 깊은 위로가 될 것이다.

▌어울리는 직업

사회사업가, 제과제빵사, 사회복지사, 요양보호사, 유치원 교사, 초등학교 교사, 수의사, 기업가, 쇼호스트, 요리사, 기업가, 헤어 디자이너

▌조언 한 스푼

♦ 풍요와 여유를 주변의 사람들과 나누는 기쁨을 경험하라.
♦ 부드러움으로 타인에게 동기를 부여하는 능력을 살려라.

4

황제
The Emperor

아버지는 뛰어넘어야 할 벽이 아니다.

◆ 바로 전에 나왔던 '여황제' 카드가 내면의 여성성과 모성을 상징한다면, 이 카드는 내면의 남성성, 그리고 아버지를 상징한다. 이 카드는 전체적으로 붉은 이미지로 인해 상당히 권위적인 느낌을 준다. 양손에 권위와 풍요를 모두 가진 황제는 그 자리를 내어 주기 싫은 듯하다.

◆ 그가 쓰고 있는 왕관은 루비와 사파이어로 장식되어 있어 매우 화려하다. 그러나 돌로 만들어진 의자, 입고 있는 갑옷에서 딱딱하고 경직된 느낌이 들기도 한다. 돌로 만든 의자는 그의 경직성만을 나타내는 것이 아니고, 그가 지닌 권위와 높은 지위를 상징한다.

◆ 책임감이 강한 황제는 스스로의 노력으로 자수성가해 이 자리에 올랐다. 황제 뒤로 보이는 노을과 민둥산은 그의 힘겨운 노력을 나타낸다. 그가 겪은 여정이 결코 쉬운 일이 아니었음을 카드에서 볼 수 있다. 그의 뒤로 흐르는 가느다란 물줄기는 그가 벗지 못한 갑옷과 함께 왠지 모를 외로움과 안쓰러움마저 느끼게 한다.

불굴의 정신으로 책임감과 독립성이 강한 지도자

사회나 직장에서 명령하고 통솔하는 역할을 하는 경우가 많다. 애쓰지 않아도 자연스럽게 지도력을 발휘한다. 전체 흐름을 예측하고 효과적인 전략을 짜는 능력도 가지고 있다.

논리적인 시각, 다양한 표현 능력

자신이 원하는 것이 무엇이고 어떻게 얻을 수 있는지도 잘 안다. 이를 논리적으로 표현하는 능력이 뛰어나다. 다른 사람을 존중하며 신의를 지키는 분위기도 강하게 풍긴다.

막강한 에너지와 목표에 집중하는 힘

사적인 관계에서는 때로 자기중심적인 성향을 보이지만 직장처럼 공적인 영역에서는 능력을 인정받을 수 있다. 사회나 가정에 새로운 기운을 불어넣는 뛰어난 능력도 가지고 있다.

♦ 이렇게 표현하면 좋아요

통솔력, 권력	통솔력이 있어서 전교 회장이나 동아리 모임의 리더 역할을 잘할 거 같아요.
보수적	신념이 강한 것도 좋지만 친구들의 의견도 같이 귀 기울여 주면 좋을 것 같네요.

이들은 자신의 리더십이 인정받기를 원한다. 서로 힘겨루기를 하는 관계에서는 자주 부딪칠 수 있다. 가치 기준과 강한 원칙을 가진 이들은 주도적이고 독립적이라서 그 기준과 맞는 사람에게는 대단히 친절하고 관대하다. 정열과 냉혹함 사이를 오가는 이들과 가까워지기 위해서는 함께 땀 흘리며 일하는 것이 최선의 방법이다. 이들은 상대의 그 모습조차 존경할 것이다. 그것으로 인해 평생 지속되는 관계로 발전할 수도 있다.

| 상담의 방향성 - 자존감

자존감이란 자기 자신을 존중하는 마음으로, 자신의 가치와 능력, 영향력을 스스로 얼마나 긍정적으로 판단하는지를 이르는 개념이다.

자존감의 핵심은 객관적인 것이 아니라 지극히 주관적인 평가이다. 이것이 이 감정의 특징이다. 자존감이 높은 사람은 성적, 인간관계, 행복감에 커다란 영향을 받지 않는다고 한다.

아버지의 상징인 이 카드를 가지고 상담을 진행할 때 오이디푸스와 아버지의 힘, 자신과의 관계나 바람, 느낌과 같은 이야기를 나누는 것도 유익하다. 자존감을 지킬 수 있는 방법 중 하나는 자신의 가치를 결정하는 기준을 자신이 정하는 것이다. 직면한 문제는 무엇이고, 그 문제를 어떻게 해결할지 생산적인 질문을 해나가야 하며, 하루하루의 삶에 집중하면서 무엇보다도 자신을 긍정적인 마음으로 바라보아야 한다는 점을 조언한다.

1. 당신이 너무 강하게 주장하거나 화를 내고 후회하는 때는 없는가?

웃는 것이 습관이듯이, 화를 내는 것도 습관이다. 자신도 모르게 화를 먼저 내거나 자신의 틀만을 고집하고 지나고 나서 후회를 하게 되는 때가 있다. '황제' 카드에는 의자의 문양에 새겨진 숫양의 고집스러움이 리더로서 책임감으로 발현될 때는 바람직하지만 너무 강한 주장으로 표출되지 않도록 주의하게 한다. 강한 주장이 자주 표출되는 경우에는 고치려는 노력이나 스스로 알아차리는 방법에 관해 내담자와 얘기를 나눈다.

2. 남들로부터 존경받는 리더가 되기 위해 어떤 노력을 하는 게 좋을까? 아니면 어떤 노력을 하고 있는가?

존경받는 리더가 된다는 것은 결코 쉬운 일이 아니다. 그는 혼자의 힘으로 이룬 것에 대한 칭찬과 위로를 받고 싶을 것이다. 칭찬을 아끼지 말고 해 주어야 한다. 앞으로 해야 할 노력이라면 그가 원하는 것은 이룰 수 있다는 희망과 지금의 힘겨운 노력이 헛되지 않을 것임을 말해 준다.

3. 당신은 지금의 자리에 오르기까지 얼마나 힘들었는지, 위로받고 싶은 때는 언제였는가?

지금의 자리에 오르느라 애쓴 내담자를 위로한다. 그리고 그것들을 지키느라 애쓰는 모습을 상징하는 눈빛과 갑옷에 대한 이야기도 나눈다. 또한, 이루어낸 성과가 빛을 잃을까 봐 걱정되고 불안한 감정을 상담에서 다룬다.

그가 여전히 현명하고 공평하며 존경받는 사람이라는 것을 인정해 주어야 한다. 책임감을 강하게 유지하면서도 스스로가 행복한 사람으로 살아가는 방법을 찾도록 도와 주자.

어울리는 직업

CEO, 군인, 경찰, 리더, 경영 컨설턴트, 컴퓨터보안 프로그래머, 소방관, 검사, 비행기조립 기술자, 출판 기획자, 드론 조종사, 건축사, 공무원

조언 한 스푼

♦ 나의 주장이 타인에게 강압적인 요구가 되지 않도록 부드럽게 요청하라.
♦ 타인의 말에도 귀를 기울인다면 더 많은 이들이 당신의 리더십을 존중할 것이다.

5

신비사제
Hierophant

더불어 살기 위한 마중물.

◆ 교황(신비사제)이 중앙에 안정적인 자세로 앉아 있으며, 화려한 왕관을 쓰고 지팡이를 들고 있다. 교황이 쓰고 있는 왕관은 3개의 단으로 이루어져 있으며, 지팡이 역시 3개의 단으로 된 십자가 형상을 띠고 있다. 협동과 균형을 의미하므로 집단과 규범을 중요시함을 내포하고 있다.

◆ '여황제' 카드를 어머니, '황제' 카드를 아버지라고 표현한다면 '신비사제' 카드는 선생님으로 해석하기도 한다. 선생님은 '사회의 아버지' 역할을 맡아 배움과 지식과 진리를 가르치는 일을 하는 사람이다.

◆ 진리를 가르치는 일에 관심이 많은 교육자의 상징인 이 카드는, 영성은 삶의 다른 차원에 대한 자각임을 의미한다.

◆ 그는 신의 대리자로서 정말 큰 영향력과 권위를 갖고 있으며, 그것을 남에게 베풀어 줄 수 있는 사람이다. 그래서 교황 아래에 있는 두 사제가 어떤 말을 하든지 모두 받아들이고 흡수할 준비가 되어 있다. 그들은 진리를 구하고 있는 모습이다. 그를 향해 있는 사제들에게는 교황의 말 하나, 행동 하나 어느 것도 중요하지 않은 것이 없다.

가르치거나 전달하는 것이 뛰어난 선생님

닮고 싶은 사회의 아버지 같은 역할을 하는 사람이다. 자신의 생각이나 경험을 말로 표현하고 구체적인 예를 들어가면서 토론을 이끌어가는 것을 아주 좋아하고 잘하기도 한다.

완고하고 진실하며 타협을 모르는 전달자

엄격하고 옳고 그른 것에 대한 확고한 견해를 가지고 있어서 모든 형태의 차별과 불공정함에는 타협이나 양보 없이 즉각적으로 격렬하게 반응하는 경향이 있다.

협력적인 원칙주의자

자기가 싫어하는 것에는 지나치게 비판적인 경우가 있지만, 주변과 많은 것을 공유하고 협동적이고 원칙적이다. 이것을 잘 발달시킨다면 타인으로부터 존경받는 사람이 될 것이다.

♦ 이렇게 표현하면 좋아요

타협, 교육	친구들에게 모르는 것을 잘 알려 주고 친구 사이의 다툼에도 해결사 역할을 하네요.
내성적	좋아하는 친구가 있어도 확실하게 마음 표현을 잘 못할 수도 있겠네요.

▎관계

　대화가 잘 통하고 협력적이며 진리를 탐구하는 친구와 이야기 나누기를 좋아한다. 그리고 힘에 부치는 상황에 놓여 있는 자신을 알아 주고 편안함을 주는 친구를 좋아한다. 이들은 변화를 좋아하지 않아서 조용히 오랫동안 마음을 나눌 친구를 사귀는 것이 스트레스를 줄이는 방법이다. 이들은 좀 더 자상하고 가볍고 유쾌해지는 법을 배울 필요가 있다. 너무 경직되어 자기주장을 강하게 하지 않도록 주의하는 것이 좋다.

▎상담의 방향성 - 배려

　배려는 도와 주거나 보살펴 주려고 마음을 쓰는 것이다. 배려는 타인에 대한 관심에서 출발한다. 관심은 타인에게 마음의 한 자리를 내어 주는 일이다. 역지사지의 자세로 상대방의 입장을 헤아릴 때 배려의 싹이 트고 그 작은 마음이 세상을 행복하게 만든다. 배려가 습관화된 이들은 사람들 사이에서 잘 지낼 수 있는 유쾌한 방법들을 찾아낸다. 이들은 그런 과정을 거치며 자신이 마주치는 여러 삶의 문제를 능숙하게 해결해 나가는 힘을 갖게 된다. 이처럼 배려는 타인을 위하는 동시에 나 스스로를 위하는 것이기도 하다.

1. 당신은 지금까지 살면서 누군가를 도와 주었을 때 어떤 기분이 들었나? 당신은 누구를 위해 가장 먼저 도움을 주고 싶은가?

'신비사제' 카드는 협동과 진실을 의미하며 가르치고 따르고 함께 이루어 내는 삼각 구도로 표현된다. 작은 도움이나 봉사를 통해 느낀 점을 오래도록 기억하고 자주 타인을 도와 주는 행동을 한다면 자신의 심리적 우울이나 무기력에서 해방될 수 있다.

자신이 가진 것들 중 남에게 도움을 주거나 나눔을 할 것은 무엇이 있는지 구체적으로 찾아 보고 이야기를 나눈다.

2. 당신이 가장 존경하는 사람이나 닮고 싶은 인물은 누구인가? 당신에게 그 사람은 어떤 영향을 주고 있는가?

교황의 발 아래에 놓여 있는 두 개의 열쇠는 '지혜의 열쇠'이다. 사제들은 지혜의 말씀을 듣고 배움을 얻고자 교황을 바라보며 서 있는 것이다. 자신이 가진 것을 나누기 위해서는 배움이 필요한데 겸손한 마음을 가지고 존경하는 분의 조언을 귀담아들을 필요가 있다.

3. 진로 또는 공부에 대한 고민이 있을 때 누구와 상의하는가? 삶의 문제에 대한 방향성을 어디에 초점을 맞춰야 하는지 의논할 상대는? 자신의 성장에서 어떤 배움이 가장 중요하다고 생각하는가?

우리가 살아가는데 존중할 사람, 믿고 자신의 속내를 모두 말할 수 있는 사람이 있다는 것은 삶의 색깔을 다르게 한다.

이 카드가 나왔다면 배움과 교육, 가르침과 진리에 초점을 맞춰서 내담자와 상담을 진행하는 것이 좋다.

세 사람의 구도와 왕관, 지팡이까지 3이라는 숫자의 의미와 관계가 깊다. 협동과 조화의 관점에서 시험공부도 스터디그룹으로 함께 하는 것이 도움이 된다. 물론 좋아하는 사람도 독서모임이나 스터디그룹에서 만날 확률이 크다.

▎어울리는 직업

교사, 성직자, 심리상담사, 임상심리사, 대학 교수, 변리사, 세무사, 판사, 천문기상학 연구원, 투자분석가, 로비스트, 변호사

▎조언 한 스푼

◆ 당신이 알고 있는 지식을 남들과 나누어라.
◆ 당신이 남들에게 가르칠 것이 있듯이 당신도 남들에게 배우는 자세가 필요하다.

6

연인
The Lovers

사랑은 서로 다름을 인정하는 것에서
출발해서 치유에 이르는 계단.

♦이 카드는 에덴동산을 모티브로 그려졌다. 불타는 나무와 생각하는 나무. 그리고 직진하는 바람과 머뭇거리는 햇살. 두 남녀의 등 뒤에 있는 나무가 상징하듯 여자와 남자는 근본적으로 다르단 말인가. 그런데 왜 전혀 다른 이 두 기질이 결합하는 것을 '연인(The Lovers)'이라고 했을까?

♦사랑은 연결되는 것이다. 거리를 두고 수직으로 서 있는 남녀를 수평으로 연결해 주는 대지, 능선, 뭉게구름 그리고 천사가 있다. 사랑은 선택이 아니라, 지속적인 연결이라고 이 카드는 말하고 있다.

♦여성은 하늘 위에 있는 천사를 바라보고 있으며, 남성은 그런 여성을 바라보고 있다. 카드에 나오는 천사는 대천사 라파엘이며 사랑과 치유를 관장한다. 사람과 사람의 관계에 있어 상처받기 쉽기에 사랑과 치유를 함께 관장하는 것이 아닐까?

♦'연인' 카드가 반드시 남녀의 사랑을 의미하는 것은 아니다. 이 카드는 독립과 융합, 그리고 조화라는 의미가 삼각형 구도로 함께 들어 있다.

성격

사교적이고 예술적인 재능

사람을 좋아하고 잘 사귀며 친절하다. 감각으로 경험할 수 있는 아름다움에 끌리는 경향이 있다. 다양한 종류의 매혹적이고 창조적인 영감을 지니고 있으며, 이들 중에는 예술가나 연예인이 많다.

호감을 주는 부드러운 성향

다른 사람을 위해서 많은 시간을 보내는 경향이 있으며 사람들로부터 사랑과 관심을 많이 받고 싶어한다. 사람들과의 관계에서 거절하는 것을 힘들어한다.

현실 도피적인 기질

감각적으로 예민한 기질로 인해 자신을 현실로부터 격리시킬 수 있다는 점을 기억해야 한다. 눈과 귀가 예민해서 생활환경을 자신의 기준을 충족시킬 수 있도록 꾸밀 필요가 있다.

♦ 이렇게 표현하면 좋아요

관계 중심	사람을 좋아하고 사랑과 우정을 중요하게 생각하는 친구로군요.
감성적	친구들의 말이나 행동으로 인해 쉽게 상처를 받을 수도 있겠네요.

이들의 내면에는 정서적으로 어두운 구석이 있으며 감정적으로 상처받기 쉬운 타입이다. 이런 어두운 면을 이해해 주면 좋은 관계를 맺을 수 있다. 겉으로는 상냥하고 활달하지만, 내면은 의존적일 수 있다. 그와 반대로 독립적인 성향도 가지고 있기 때문에 이들에게 자신이 어떤 성격인지를 설명해 주면 좋은 친구로서 공감을 얻을 수 있다. 이들은 감정의 폭이 깊기 때문이다. 겉으로 보이는 것과 따뜻함이 상당히 중요한 사람들이다. 또한, 타인에게 자신이 매우 사랑스럽고 아름다운 존재로 인식되기를 바란다.

| 상담 방향성 - 사랑과 이해

존중은 인정에서 오는 것이고, 진정한 사랑은 이해로부터 시작한다. 사랑은 인간의 치명적인 질병인 외로움을 치유하는 힘을 가졌다.

하지만 사랑은 이기적이기도 하다. 그래서 서로의 욕망이 부딪치면서 갈등도 생기고 때로는 상처를 주기도 한다. 심리학에서 말하는 사랑의 삼각형 이론에서 사랑은 세 가지 구성요소로 이루어져 있다. 그것은 바로 친밀감, 열정, 개입이다. 이 세 가지 모두가 충만하게 갖추어지고 서로 균형을 이룰 때 사랑은 완전함에 가까워진다.

| 상담에 도움이 되는 질문

1. 부모님으로부터 독립을 하고 싶은가? 또는 어른에게 의존하고 있다면
   독립을 못 하는 이유는 무엇인가?

   아담과 이브는 에덴동산에서 라파엘 천사의 온전한 보살핌을 받으며 모든 것을 공급받았다. 그러나 이 연인은 선악을 알게 되었고 사리 분별을 할 줄 알게 되었다.

   그들은 성장했고, 이제 에덴동산에서 나가서 독립을 해야 한다. 부모로부터 독립한 그들은 이제 그들의 힘으로 살아가야 하는 것이다. 이 카드에서 다루어야 할 상담은 독립과 의존인 것이다.

2. 성인은 인간관계에서, 학생은 친구관계에서 가장 중요하다고 생각하는
   세 가지는 무엇인가? 현재 무엇에 의미를 가장 많이 두고 사람들과 관
   계를 맺고 있는가?

   이 질문을 통해 관계에서 본인이 어떤 생각을 가지고 있는지 돌아보는 기회를 가진다.

   세 가지를 말하거나 아니면 한두 가지라도 쓰거나 말로 표현하거나 그려도 좋다. 쓰고 말하고 그리는 과정을 통해 관계에 대한 중요성과 의미를 돌아보게 한다.

   카드에 나오는 남녀의 서로 다른 시선을 통해 알 수 있듯, 관계에서 자신과 똑같은 사람은 없다는 것을 이해하는 것이 진정한 사랑임을 알려 준다.

3. 좋은 관계를 유지하기 위해 필요한 것은?

　정서적으로 깊은 감정을 느끼고 있는 동료, 이성이나 친구가 있는지 이야기를 나눈다. 만약 있다면 그들에게서 얻는 감정적인 도움은 무엇이며 관계의 유지에 필요한 것은 무엇인지에 관해서도 상담을 진행한다.

　관계의 의존이나 독립 또는 인간관계를 확인해 볼 때 아주 좋은 카드이다. 학생의 경우 친구 관계나 이성에의 끌림에 대해 속 깊은 이야기를 나누는 기회로 삼을 수 있다.

┃ 어울리는 직업

　연예인, 예술가, 마케팅 전문가, 의상디자이너, 모델, 가수, 연극인, 헤어디자이너, 웹툰 작가, 시각디자이너, 안무가, 파티플래너, 네트워크 마케터, 방송인

┃ 조언 한 스푼

◆ 좋은 사람이 되려고 굳이 애쓰지 않아도 당신은 이미 좋은 사람이라는 것을 기억하라.

◆ 사랑은 선택이 아니라 지속적인 연결이다.

7

전차
The Chariot

속도는 방향에서 나온다.

◆ 남자는 전차에 타고 있고 그가 탄 전차는 두 마리의 스핑크스가 몰고 있다. 두 스핑크스는 상반된 색을 띠고 있으며, 몸의 방향도 반대쪽을 향하고 있다. 흑과 백의 스핑크스는 상반된 상황이나 마음을 의미한다. 언뜻 생각해 보면 '전차' 카드는 서로 다른 힘이 충돌하고 있어서 혼란스러울 수도 있지만, 전차에 타고 있는 남자의 능력으로 우리는 조화, 균형, 안정감을 느낄 수 있다.

◆ '전차' 카드는 앞에 나오는 1~6번 카드까지의 합체이다. 그리고 서로 다른 상극의 상태를 조절하는 것이 과제이기도 하지만 이미 이룬 것으로 가득한 남자의 뒤편은 풍요롭다. 서로 다른 에너지를 통제하는 것은 결코 쉬운 일이 아니다. 하지만 그에게는 이 모든 것을 가능하게 하는 능력이 이미 갖추어져 있다.

◆ 살면서 누구에게나 상반되는 사람이나 상황을 마주할 때가 있다. 아무리 노력해도 해결될 기미가 보이지 않을 때, 너무나 강한 개성을 가지고 있어서 도저히 어찌해야 할지 방법을 모를 때, 아무것도 못 할 정도로 지쳐 있을 때에는 심호흡을 한 번 하고, 정리할 시간을 갖는 것은 어떨까? 그 모든 상황을 헤쳐 나갈 힘을 우리 내면에 이미 갖고 있을지 모른다.

성취감을 추구하는 목표지향적 성향

경쟁적이면서 부지런하고 활동적이며 정신보다 몸으로 움직이는 목표지향적인 사람이다. 기질은 달처럼 감성적이고 수용적인 면과 태양처럼 뜨겁고 적극적인 면을 동시에 가지고 있다.

극단적인 성향의 조화를 통한 균형감

두 극단적인 성격이 조화를 이루면 균형 잡히고 창조적인 사람이 될 수 있다. 하지만 어느 한쪽이 우위를 차지하려고 내면에서 경쟁하면 자신의 내면은 굉장히 혼란스러울 수 있다.

뛰어난 집중력과 결단력

위험한 일에도 도전하는 경향이 있다. 스트레스를 해소하려고 영화나 게임 등에 몰두하기도 하는데 그 정도가 지나칠 가능성이 있다. 일과 관련해서는 지나친 워커홀릭이 되기도 한다.

◆ 이렇게 표현하면 좋아요

목표 지향	하고자 하는 일이 있다면 목표한 바를 성취해 내고야 마는 멀티플레이어로군요.
충동적	앞만 보고 가다 보면 주위의 걸림돌을 못 보고 실수할 수도 있어요.

▌관계

이들의 겉모습은 강인해 보여도 그 반대로 혼자일 때는 많이 외로워한다. 이들은 자신의 부족한 부분을 창피하게 여겨 관계에서 잘 드러내지 않는다. 그것까지도 이해하고 지지해 주는 관계를 맺을 때 이들은 진격하며 전차답게 산다. 주변 관계가 무엇보다 중요하고 많은 영향을 받는다. 보기보다 마음이 여린 사람인 만큼 의지할 만한 주변 사람 또는 인정해 주는 친구를 만든다면 좋은 관계를 오랫동안 지속할 수 있다.

▌상담 방향성 - 목적과 목표

이제는 속도를 조절할 때이다. 속도는 방향에서 나오기 때문이다. 우리 몸은 목적을 원한다. 목적 지향은 동물의 본성이며 우리가 하는 모든 행동의 바탕에는 목적이 깔려 있다. 목적이 있어야 집중의 효율성이 높아진다.

단순히 떠오르는 아무 생각을 하는 것이 아니라 구체적인 목표를 정하고 그 목표에 집중하는 것이 필요하다. 상반되는 그림으로 이루어진 7번 카드에서는 목표와 집중, 혼란스러운 마음의 상태를 나타낼 수 있으니 하나로 균형을 이루는 것에 대해 상담을 나눈다. 또한, 집중하기 위해 평상시 연습해야 할 과제에 대해서도 의견을 나눈다.

1. 방향을 하나로 모아야 할 때 어떠한 태도를 취하는가?

그림에서 흑백의 스핑크스는 서로 다른 방향을 보고 있다. 속력을 내는 것은 스핑크스지만 속도를 조절하는 것은 전차를 모는 남자이다. 남자의 전차는 아직 달리지 않고 있다.

남자는 지금 이 두 스핑크스를 '통제'하고 있는 것이다. 전력 질주를 위해서. 그래서 이 카드는 방향 설정의 시간을 말하고 있다. 내담자 스스로는 선택의 혼란에서 어떤 방법이나 태도를 취하는지 상담과정에서 스스로 알아차리게 한다.

2. 놀고 싶기도 하고, 일도 해야 하는데 어떻게 해야 하나?

서로 다른 힘을 다룰 수 있는 사람이 바로 전차를 모는 사람이라는 것을 상기시켜 준다. 스스로 힘이 있는 사람이며 힘의 조절이 필요하다는 것을 알게 해 준다.

서로 반대 방향을 보고 있는 두 스핑크스가 아무리 자신이 나아가고자 하는 방향으로 달리려고 해도 전차는 움직이지 않는다는 것을 그림에서 보여준다.

힘을 하나로 모으는 것이 필요한 때이다.

3. 방향 설정으로 갈등을 느낀 적이 있는가?

일, 공부, 연애로 인해 혹여 마음 안이 복잡하거나 어지럽다면 서로 다른 많은 것들을 다루는 데에는 그만큼 많은 힘이 든다는 사실을 받아들여야 한다. 목표를 분명히 하고 전진한다면 자신이 이루고자 하는 것에 다다를 수 있다. 마차를 모는 주인공은 바로 자신이니까!

서로 조금씩 양보해서 앞으로 나아가거나, 혹은 어느 한쪽이 탈진해서 균형이 깨져야 움직일 수 있다. 새로운 방향 감각을 찾아야 하는 문제들에 대한 상담에도 유용하다.

▌어울리는 직업

파일럿, 기관사, 사회복지사, 통신공학 기술자, 카레이서, 항해사, 건축 기술자, 우주공학 기술자, 항공기 객실승무원, 컴퓨터보안 전문가

▌조언 한 스푼

♦ 상황 안에 있는 서로 다른 요인들을 하나의 목표로 만들라.
♦ 자신 안에서 일어나는 생각과 가진 능력을 통합하여 한 방향으로 향하라.

기질카드 캐릭터 활용하기

활동 목표	각자의 기질카드 속 캐릭터들로 함께 하나의 그림을 완성함으로써, 서로에 대한 이해를 바탕으로 공동체 의식을 함양한다.		영역	자기 탐색
			대상	청소년 및 성인
분야	심리	준비물	타로카드(메이저 0~9), 사람 모양 종이, 색연필, 사인펜, 풀, 전지	집단 구성	팀당 6명 이내
				소요 시간	1시간
유의 사항	◆ 기질카드 속 인물의 모습에 얽매이지 말고 자신과 연관 지어 자유롭게 재해석해 본다.			

진행	내 용
준비	◆ 나의 기질카드를 보며, 카드 속 캐릭터의 특징을 떠올려 본다.
전개	❶ 사람 모양 종이에, 각자의 기질카드 속 주인공을 그려 본다. 표정, 옷 등 자유롭게 재해석해서 그려도 좋으며, 몸통 부분에는 해당 주인공의 기질적인 특성을 적는다. ❷ 각자의 캐릭터에 대해 돌아가며 이야기를 나눈다. ❸ 한 장의 전지에, 각자의 캐릭터들을 자유롭게 배치하여 붙이며, 우리 팀만의 메시지가 담긴 그림을 그린다. ❹ 말풍선이나 말주머니 등, 캐릭터의 생각이나 말을 표현해 본다. ❺ 어떤 의미가 담긴 작업물인지 발표한다.
정리 및 기대 효과	◆ 개인별 기질카드의 특성에 대해 더욱 깊이 있게 이해하게 된다. ◆ 기질카드를 배치하는 과정에서 서로 간의 기질에 대해 이해하게 된다. ◆ 함께 소통하고 공동 작업을 하며, 다양성을 인정하게 되고 협동심을 키우게 된다.

제 2 장

메이저 카드

2

8

힘
Strength

진정한 힘은 부드러움에서 나온다.

◆ 힘과 확신의 카드이지만 여인도, 사자도 모두 자기 자신일 수 있다. 힘이라는 글자와 카드의 이미지가 참 잘 어울리는 듯하면서도 이질적인 것은 카드의 여인이 맹수 중의 맹수인 사자를 강아지 다루듯이 어루만지고 있기 때문이다. 사자 역시 그런 여인에게 꼬리를 말고 혓바닥을 내밀면서 복종하고 있다. 이 카드는 '진정한 힘이란 무엇인가?'라는 질문을 던지고 있다. 보통 '힘!' 하면 육체적인 완력을 떠올리게 되는데 이 카드는 전혀 그렇지 않다.

◆ 전체적으로 온화한 분위기를 띠고 있지만 여인이 사자를 통제하는 것은 보통 어려운 일이 아니다. 이 여인에게서 어떻게 이런 힘이 나올 수 있을까? 그녀의 내면에 잠재해 있는 사자 같은 감정이라면 무엇을 의미하는 것일까?

◆ 인내와 부드러움, 반복적인 행위로 무한한 힘을 나타내고 있는 그녀의 머리 위에 있는 뫼비우스의 띠가 머리와 가슴으로 사자를 제압하고 다스리고 있는 느낌이다. '힘' 카드는 자기 통제나 자신의 능력에 대한 무한한 가능성을 보여 준다. 여인은 지혜를 바탕으로 용기와 자신감으로 장애물을 극복하고 통제하고 있다.

타인을 설득시키는 부드러운 힘의 소유자

자신보다 높거나 강한 사람도 부드럽게 다룬다. 내면의 화를 참고 밖으로 표현하지 않는 유형이라 한꺼번에 화가 폭발하는 경우도 있다. 독립적인 성향도 강하고 외유내강의 타입이다.

도전 앞에 굴하지 않는 강인한 성격

어떤 결정을 하면 아주 확고하게 자신의 결정이나 약속을 지키는 경향이 있다. 간혹 지나치게 몰두해서 자신의 정신과 육체를 너무 몰아붙이기도 하고 고집을 부리기도 한다.

성실함과 신의의 소유자

어떤 일이든 방향이나 사람을 중간에 쉽게 바꾸지 못하는 경향성을 가지고 있다. 허풍을 떨거나 거짓말을 하는 이들을 정확하게 간파하는 능력도 지니고 있다.

◆ 이렇게 표현하면 좋아요

지혜, 인내	지혜로우면서 인내심도 있어서 무슨 일이 생겨도 차분히 해결해 나가네요.
맹수의 충동성	잘 참다가 한 번에 감정을 표출해 낼 때도 있을 것 같아요. 참는 것이 꼭 좋은 건 아니에요.

관계

　모든 관계에서 조금은 양보하는 경향이 있다. 자기 자신이 그렇지 않기 때문에 징징거리거나 투덜대는 것을 못 본다. 이들과 가까이 지내고 싶다면 작은 것들에 대한 불평은 그냥 넘어가는 것이 좋다. 이들이 받아들이지 않을 낌새를 보일 때에는 혼자 있도록 시간을 주는 것이 최선이다. 이들은 참을성과 끈기가 대단하다. 불편하고 늘 스트레스만 받는 관계일지라도 잘되게 만들 방법을 찾느라 고심하며 의리가 있다. 이들은 말로 잘 불평하지 않는 장점이 많은 친구이다.

상담 방향성 – 분노의 조절

　분노는 사랑처럼 누구에게나 있는 지극히 정상적이고 당연한 감정이다. 부당함 앞에서 그다지 화가 나지 않는다면 그것이 더 비정상적인 상태라고 한다. 두려움과 걱정이 분노로 표출된다. 분노란 자신을 사랑하는 방법을 모르기 때문에 타인에게 사용하는 미숙한 자기표현 방법이며, 분노가 많다는 것은 사랑이 결핍되었다는 반증이기도 하다. 억누르거나 표출하는 방법 말고도, 그 순간의 분노에 대해 구체적으로 생각해 보는 것도 좋은 방법이다.

　또한, 분노의 감정을 5분 안에 빨리 처리하는 연습을 해서 습관화하는 방법도 있다.

1. 사자와 여인 중에 당신은 어느 쪽인 것 같은가? 또는 누구이고 싶은가? 선택한 반대편의 사람이나 사자는 누구라고 생각하는가?

특정한 대상일 수도 있고 아닐 수도 있다(엄마, 선생님, 종교, 열정, 자신 안의 화, 감정, 친구 등). 사자는 자신의 내면에 있는 분노와 슬픔을 의미하기도 한다. 그것은 질투일 수도 있고, 타인에 대한 증오, 자신에 대한 슬픔과 연민일 수도 있다. 하지만, 그것을 억누르거나 감추는 것이 아니라 진심으로 받아들이고, 조절할 수 있어야 한다. 바로 내담자 안에 그것을 조절할 수 있는 따뜻한 힘이 있음을 알아차리게 한다면 큰 도움을 줄 수 있다.

2. 자신이 사자라면 자신 안의 사자와 같은 분노를 어떻게 다스릴 것인가?

분노가 나쁜 감정만은 아니다. 분노는 자신의 욕구 실현이 저지당하거나 어떤 일을 부당하게 강요당했을 때, 이에 저항하기 위해 생기는 부정적인 정서이다. 분노는 원초적이고 강렬하다 보니 통제하기가 매우 힘들다. 분노가 일어나면 우선 화가 난 감정을 인정하고 그에 휘둘리지 않는 것이 중요하다.

분노의 감정이 생겼을 때를 대비하여 조금씩 분노를 올바르게 표현하는 방법을 익혀야 한다. 정당한 분노의 표출은 개인과 사회를 발전시키는 원동력이 된다. 그러나 정당한 분노인지, 투사된 분노인지 자신의 마음을 객관화하여 들여다보는 시간이 필요하다.

3. 용기는 어디에서 나온다고 생각하는가?

　힘이란 위험성 역시 갖고 있다. 힘 조절은 언제나 어렵고, 조금만 한쪽으로 기울어도 균형은 깨지기 쉽다. 어떤 상황에서 어떤 식으로 내가 가진 힘을 사용해야 할지 선택하는 것은 내담자의 몫이지만, 타협은 여인의 손끝이 사자를 강아지 다루듯 부드럽게 어루만지는 모습에서 보여진다. 언제 맹수로 돌변할지 모르는 사자를 통제하듯 내면의 힘을 사용하기 위해서는 용기가 필요하다.

▍어울리는 직업

　동물 조련사, 운동선수, 트레이너, 간호사, 통역사, 항공기 조종사, 생물학 연구원, 수의사, 다이어트 프로그래머, 건강관리사

▍조언 한 스푼

◆ 인내와 내면의 자원들을 불러내어 확신을 가진다면 무엇이든 극복할 수 있다.

◆ 당신 자신 안에 불굴의 정신이 있음을 알아차려라.

은둔자
The Hermit

가만히 기다려 주는 것도 위로이다.

◆인간은 누구나 외로움이라는 감정에서 자유로울 수 없다. 이런 사실은 받아들이기 힘들지만 결국엔 인정해야 하고 또 뛰어넘어야 한다. 은둔자의 외로움은 타의에 의한 고립이 아니라 스스로 선택한 고독이다. 가끔은 혼자 고독에 잠겨 보는 것도 좋을 것 같다. 명상을 할 수도 있고, 자신의 생각과 영감을 자극하며 정리를 하는 시간을 가지는 것도 유익하다.

◆긴 지팡이는 자신을 깨워 성장하는 시간을 의미한다. 눈에 보이는 결과가 나타나지 않고 힘들더라도 자신 안에 빛이 자라나기 위한 시간임을 기억하기를 바란다. 진정한 깨달음이란 결국 자신 안에 있다는 것을 은둔자는 알아 가고 있는 것이 아닐까? 그 과정은 무척이나 슬프고 쓸쓸하고 고독할 테지만 그 뒤에는 깨달음을 얻는 기쁨과 환희가 기다리고 있다.

◆그러나 은둔자는 고립되고 외로운 곳에 틀어박혀 고민만 하는 사람은 아니다. 그는 높은 산 위에서 그 아래에 있는 사람들을 위해 등불을 켜고 있다. 직접적인 도움은 아니더라도, 타인을 위해 작은 등불을 켜 주는 배려를 잊지 않았다.
은둔자는 산 아래에 어떤 일이 일어나도 동요하지 않는다. 우리는 순간순간에 너무 얽매이며 살아 가는 것은 아닐까?

근면하고 도덕적인 성격

이상주의적이며 양심적이고, 한 가지에 몰두하면 지속적이고 꾸준한 타입이다. 내면이 고독하고 개인적인 생활을 즐기는 편이다. 자기만의 공간이 필요한 사람이기도 하다.

인간의 고통에 대해 연민하는 마음

모든 형태의 인간의 고통에 대해 연민의 정을 느낀다. 감동에 사로잡히는 경향성도 짙은 편이다. 뒤에서 누군가를 해치는 일을 꾸미거나 하는 그런 것들은 허용하지 않는다.

어려움 속에서 회복하는 능력

삶은 공짜로 즐길 수 있는 것이 아니라고 생각한다. 인생에서 충격적인 상황이 덮치더라도 이들은 회복 탄력성이 있다. 타인을 위해 자신이 등불을 들어 비춰 주고 싶은 욕구도 가지고 있다.

♦ 이렇게 표현하면 좋아요

전문가, 성찰	맡은 일은 집중력을 발휘해 지혜롭게 해결해 나가는군요.
사색가	친구들과 떠들고 노는 것보다 자기 혼자만의 생각으로 시간을 보내는 경우가 많네요.

관계

조용히 생각하고 관찰하는 성향의 이들은 대상이나 일들에 대한 것에 관심이 없는 편이다. 그로 인해 때로는 이기적으로 보일 수도 있다. 가벼운 감각을 가지고 있는 친구나 작은 일들에 관심을 갖는 유쾌한 친구를 두는 것이 좋다. 그래서 그들 안의 정서적인 부분을 나누고 경험하면서 도리어 자기 안의 높은 음파를 경험할 가능성이 크다.

상담의 방향성 - 외로움에는 반대말이 없다

사람을 존중하지 못하는 것은 외로움을 자처하는 일이다. 우리가 외롭다고 느끼는 가장 큰 원인은 관계의 결핍이다. 친구, 가족, 연인 등과의 관계가 부족하거나 관계가 만족스럽지 못할 경우 우리는 외롭다고 느낀다. 그리고 자신이 속한 사회에서 소외되고 있다고 느끼거나 자신의 행동이나 가치관이 다른 사람들과 다르다고 느끼는 경우에도 마찬가지이다.

이런 마음이 들 때는 새로운 관계 형성하기, 자기 계발에 힘쓰기, 긍정적인 생각 가지기 등을 통해 행동에 나서야 한다. 생각을 바꾸고 행동을 하지 않으면 언제나 바람만 불고 언제나 외로움뿐임을 잊지 말자.

1. 누구를 향해 등불을 들고 있다고 느끼는가?

삶을 살아 가면서 사람들과의 관계를 원하면서도 혼자만의 시간이나 공간을 간절히 바라기도 한다. 그러면서도 이 카드를 선택한 내담자는 때로는 혼자 있는 것이 힘들다고 도리어 하소연할 수도 있다. 자신 안의 빛을 깨우는 시간이 삶에 있어 감사하다고 생각을 바꿀 필요가 있다. 지나치게 몰두하고 있는 것에 대한 관심의 전환도 필요하다. 은둔자가 들고 있는 등불은 자신만을 비추기 위한 것이 아님을 알아차려야 한다.

2. 외로움을 느낄 때는 언제이고 어떻게 시간을 보내는가?

혼자일 때는 어떤 기분이 들고, 그 순간이나 시간을 벗어나기 위해서 하는 행동과 생각은 무엇인지에 대해 이야기를 나눈다. 혹시 우울이나 무기력하다면 생각의 전환을 위한 상담을 이끌고, 혼자만의 시간을 견디지 못하거나 혼자만 있고 싶을 때도 있음을 알아차릴 수 있게 한다.

외로움은 우리가 살아가는 일상에서 절대 벗어날 수 없는 부분들이다. 아무리 건강한 관계 속에서도 사람은 누구나 외로움을 느낀다. 자기 자신을 잘 보듬을 수 있다면 우리는 외로움의 어둠에서 벗어날 수 있다. 관계에 있어서도 힘든 일이 덜 생길 것이다.

자신의 내면에 잠재된 외로움에 어떻게 대처하는가에 따라서 일상이나 관계가 변화하게 된다는 것을 기억하자.

3. 때로는 자신만의 심리적 공간이 필요하다고 느끼는가?

여기에서 공간은 꼭 물리적 공간만을 이야기하지 않는다.

자기 자신을 스스로 객관적으로 바라볼 수 있는 자신만의 심리적 공간이 필요하다.

완벽한 세상도, 완벽한 자아도, 완벽한 해결도, 완벽한 가족도, 완벽한 관계도 없다. 그런 부분을 인지하고 해결하며 보완해 나가겠다는 생각으로 외로움, 불안감, 관계의 어려움, 두려움에서 벗어날 수 있다.

▌어울리는 직업

종교인, 바둑기사, 양궁선수, 명상가, 철학자, 역사가, 약사, 대학 교수, 농업인, 역사학 연구원, 가상현실 전문가

▌조언 한 스푼

♦ 자신 안의 빛이 온 세상을 밝게 한다는 것을 기억하라.

♦ 타인에게 도움을 주는 사람일 때 당신은 더욱 빛난다.

운명의 수레바퀴
Wheel of Fortune

과거에서 배우고 현재를 살며
미래에서 희망을 본다.

◆ 새로운 순환의 시작을 알리는 운명의 수레바퀴.

　수레바퀴 살은 사방위를 가리키는 황도대로 만들어져 있는데 사계절, 사
방위, 4원소 등을 나타낸다. 수레바퀴 위에는 심판을 상징하는 스핑크스
가 칼을 들고 앉아 있으며, 사후세계로 가는 강을 건네주는 뱃사공 야누
스가 수레바퀴를 힘겹게 떠받치고 있다.

◆ '운명의 수레바퀴' 카드는 행운과 기회의 행성인 목성과 연결되어 있다.
지금까지 보아왔던 카드와는 사뭇 다른 이미지를 담고 있으며, 이 카드의
주인공은 말 그대로 '바퀴'이다. 로마 신화에 나오는 운명의 여신인 포르
투나(Fortuna)는 인간의 흥망성쇠를 결정하는 수레바퀴를 관장했다. 바퀴
의 위쪽에 위치한 사람은 커다란 부와 영예를, 아래쪽에 위치한 사람은
끝없는 절망을 맛본다고 알려져 있다. 그러나 그녀는 매우 변덕스러운 성
격이라 마음 가는 대로 그 수레바퀴를 돌렸다고 한다.

◆ 운명의 수레바퀴는 태양이 졌다가 뜨고, 생명이 태어나고 죽었다가 다시
태어나는 모든 새로운 순환의 시작과 연결의 의미를 담고 있다. 지금 당신
이 바른 궤도에 올라 있다는 것을 의미한다.

배움과 사람에 대한 호기심과 관심

전반적으로 사람들과 잘 어울려서 주변에 사람들이 많은 편이다. 호기심도 많은 편이고 다른 것들에 대한 관심도 많아 여러 가지를 배우는 데 시간을 쓴다. 수동적이기보다는 능동적이고 정적이기보다는 동적이다. 자기주장을 강하게 펼치기보다는 다른 사람을 실망시키지 않기 위해 다른 사람이 바라는 것을 나름대로 수용한다.

새로운 자극을 찾아다니는 성향

어릴 때부터 주변에 있는 모든 것에 관심을 기울이며 자극을 찾아 끊임없이 움직인다. 현실에 관련된 일에 힘을 쏟고 있는 동안에도 계속 새로운 흥밋거리를 이리저리 찾아다니는 경향이 있다. 다양한 경험을 통해 자신이 진정 좋아하는 것을 찾으면 거기서 멈추고 깊이를 더한다면 바람직하다.

♦ 이렇게 표현하면 좋아요

지적 호기심	배우는 것에 호기심이 많고 변화와 발전에도 관심을 많이 보이네요.
변화	변화하는 것이 두려울 때도 있겠지만 인생의 좋은 밑거름이 될 거예요.

관계

이들과 잘 어울리는 친구는 이야기를 잘 들어 주고, 이들을 있는 그대로 인정하고 존중하지만 동요되지 않는 사람이다. 그렇지 않으면 다방면에 호기심이 많은 이들과 함께 계속 흥밋거리를 찾아 헤맬 수 있다. 많은 에너지를 갖고 있지만 자신의 충동이나 욕구에 걸맞은 인내심이 없는 경우가 있을 수 있다. 따라서 행동의 속도를 조금 늦추거나 주의 깊게 관찰하고 체크하라. 모든 일에 좀 더 지속성을 갖도록 하라. 두려움과 불확실성을 피하지 말고 당당하게 맞선다면 안정된 현실을 구축할 수 있을 것이다.

상담의 방향성 - 콤플렉스

콤플렉스는 부정적인 면만 있는 게 아니라 긍정적으로도 발전할 수 있는 자연스러운 심리적 현상이다. 자신의 일부로 인정하고 그것을 끌어안고 사랑해야 한다. 수치스러워하고 숨기려 했던 그것이 의식 안으로 통합되는 순간, 좀 더 다양하고 풍성한 인격이 나오게 된다. 즉, 자신에게 정직해지면서 애정을 가지게 된다. 콤플렉스를 처리하는 방법은 콤플렉스를 숨기는 대신 다른 능력을 발전시키는 것이다. 콤플렉스를 심리적 결함에서 심리적 특별함으로 발전시키는 것이다.

❙ 상담에 도움이 되는 질문

1. 근래에 변화를 겪고 있는 게 있는가? 공부나 일에 변화가 있다면 어떻게 적응해야 할까?

수레바퀴가 가진 '변화'의 의미를 살펴 보며 그 변화가 어느 방향으로 움직이고 있는지, 또는 변화시키고 싶은 방향은 어떤 것인지에 관해 이야기를 나누도록 한다.

이 카드는 메이저의 중간에 위치한 카드로 변화와 순환을 의미한다. 그림에서처럼 수레바퀴를 둘러싸고 있는 책을 보는 형상들은 지식의 능동적인 습득이 이루어지는 진보를 나타낸다. 그로 인해 얻어지는 지식은 과거의 노력에 대한 결과나 결실로 긍정적인 결말을 보여 준다.

2. 관계 또는 상황에서 부러움을 느끼는 것은?

그것이 좋은 상황이든, 불편한 상황이든 생각해 보며 서로 이야기를 나눈다. 만약 불편하거나 힘든 상황이라면 해결해야 할 문제가 있는가?

지금 공부나 취업 준비를 하고 있다면 이런 교훈들을 얻음으로써 내담자는 성공적으로 결과를 얻거나 얻을 수 있음을 의미한다. 그러므로 바른 궤도 위에 있으니 지금처럼 지속할 것을 응원하라. 나름의 하나를 완성하고, 다시 변화하고 전환하는 상황이니 지속해서 전진하고 노력한다면 좋은 결과물을 얻을 수 있는 기회이다.

3. 지금 하고 있는 일이 긍정적으로 이루어지기 위해서는 어떤 것이 필요
   할까?

　　사건의 시작으로부터 끝까지의 과정을 의미하므로 지금까지 하던 대로
끊임없이 조금 더 노력할 필요성을 말한다. 물론 정보를 얻되 얕은 것이 아
닌 진정한 자신의 것으로 만드는 것이 좋겠다. 또한, 책을 들고 있는 4개의
그림과 수레바퀴는 돌고 도는 것으로 지금은 지식이나 생활에 변화를 주면
좋은 결과를 얻을 수 있다는 점을 설명해 주면 내담자가 쉽게 받아들일 수
있다. 다만 이 변화는 빠를 수도, 느리게 나타날 수도 있다.

| 어울리는 직업

　　도서관 사서, 생물학자, 유전공학자, 천문학자, 극작가, 평론가, 만화가, 역
사학자, 발명가, 광고기획자, 조리사, 건축가, 안경사

| 조언 한 스푼

♦ 호기심을 다양한 재능으로 발전시켜라.
♦ 당신의 경험과 지식을 타인들을 위해 쓰라.

11

정의
Justice

바른 실천이 나를 진실하게 살게 한
커다란 선물이다.

♦ 제왕 같은 여성이 붉은 예복과 망토를 두르고 옥좌에 앉아 있다. 그녀는 한 손에는 진실의 필요성을 상징하는 검을 들고 있고, 다른 손에는 균형과 공정함의 필요성을 나타내는 저울을 들고 있다. 그런데 카드에서 그녀는 왠지 믿을 만한 느낌을 준다. 실천력이 있는 사람임을 나타내는 그녀의 발은 빠르게 움직인다. 올바른 판단이 섰다는 것을 그녀의 천칭이 보여 주고 있다.

♦ 정의를 뜻하는 Justice는 로마의 정의의 여신 유스티티아(Justitia)에서 유래되었다고 한다. 그녀는 이성과 정의의 힘을 상징하는 검과 천칭을 들고 있는데, 오늘날에는 흔히 법정을 나타낼 때 이용되는 소재이다.

♦ 저울은 법의 형평성을 나타내며, 칼은 그 법을 엄정하게 집행하겠다는 강력한 의지를 나타낸다. 카드의 여인은 붉은 옷을 입고 장막이 드리워진 대리석 기둥 앞에 앉아 있다. 이는 그녀가 지닌 권위와 영향력을 의미한다. '정의' 카드가 나왔을 때, 우리는 지금 처해 있는 상황이나 당면한 문제에 대해 생각해 볼 수 있다.

공사 구분이 분명하고 권위에 대한 존중

이들은 자신만의 기준이 명확해서 타협을 모른다는 말을 들을 수도 있다. 일반적으로 개인적인 행동이나 자신의 발전에 열정적으로 몰두하고 강하게 밀어붙이는 경향이 있다.

서로 다른 두 가지 기질

하나는 경쟁심이 강하고 성공을 지향하는 스타일로 사람을 이끄는 지도력을 가지고 있다. 다른 하나는 세속적인 성공에는 관심이 없고 개인적으로 관심 있는 부분에 최선을 다하는 스타일이다.

관계 맺기 쉽지 않은 높은 기준의 소유자

기준이 아주 높아 이들과 관계를 맺는다는 것은 쉬운 일이 아니다. 자기가 우위에서 친절을 베푸는 관계에서 훨씬 더 자기 역할을 한다고 생각한다. 냉정하다는 평가를 받기도 한다.

◆ 이렇게 표현하면 좋아요

공정함, 판단력	공정하고 이성적으로 빠르게 결정을 내리는 결단력과 판단력이 있군요.
이성적	친구들과의 관계에서 냉정하다는 말을 들을 때도 있을 거 같네요. 융통성을 발휘해 보아요.

▌관계

　이들과 지속적인 관계를 기대하는 사람은 아마도 실망하게 될 것이다. 이들은 자주 자기 세계에 강렬하게 몰두하기 때문이다. 그래서 같은 취미가 있는 친구라면 좋은 관계를 유지할 수 있다.

　주변 사람들을 있는 그대로 수용하는 법을 배우기를 바란다. 자신을 냉소적이고 이성적으로 위장하려는 노력이 쓸모없는 일이라는 것을 알면 좋겠다. 좀 더 자신에게나 타인에게나 관대하고 느긋하게 생각하고 타협하라. 삶을 정신적으로나 정서적으로 보다 풍요롭게 누릴 수 있을 것이다.

▌상담 방향성 - 따뜻함과 순수

　정의란 공동체 또는 사회 안에서 차별에서 평등으로 나아가는 과정이다. 윤리, 도덕, 종교가 절대적 가치관이라는 허구를 깨고 상대적 가치관, 즉 서로 다를 뿐이라는 것을 알아차리고 차별에서 평등으로 나아가는 것이다. 우리가 가지고 있어야 할 것은 순수성과 정의감, 그리고 정직함으로 생명과 인권을 존중하고 말과 행동을 삼가야 한다. 용기와 따뜻함과 인간애가 깃든 애정만이 우리를 정의로운 사회로 나아가게 하는 것임을 일깨워 준다.

1. 어떤 고민을 하고 있나요? 당신의 고민을 저울에 올린다면?

특별하고 중요한 결정을 해야 한다. 여인이 두 기둥 사이에 앉아 검과 저울을 들고 있는 모습은 일과 인간관계 등 어디에 검과 저울을 정확하게 쓸 것인지를 다양한 각도에서 그 상황을 살펴 보는 것을 의미한다.

2. 상황을 개선하기 위해 문제를 어떤 방식으로 생각하는 게 좋을까?

우리 모두는 이 여인처럼 칼과 저울을 갖고 있다. 저울은 상징적으로 우리 마음의 평등을 이야기한다. 사람은 다른 어떤 거짓말보다 자신에게 하는 거짓말을 가장 잘 믿는다고 한다. 또한, 다른 어떤 개념이나 정의보다 자신의 생각을 진실이라 믿기도 한다.

혹시 나도 모르게 칼을 이용해서 남에게 상처를 입히고, 나만의 저울을 통해 합리화시키는 것은 아닌지 내담자와 함께 생각해 보는 시간을 가져 보는 것은 어떨까? 발이 여인의 옷 사이에 나와 있는 것은 바르게 판단이 되었다면 실천할 것을 상징한다.

3. 누구에게 조언이나 도움을 받고 싶은가?

어떤 결정에 있어 타인의 중재나 선생님의 조언이 아주 큰 도움이 될 수 있으니 물어 보고 논의하고 결정하라. 그것이 당신의 감정을 배제하고 한 발 뒤에서 살펴 볼 수 있는 좋은 방법이다. 다른 누군가는 당신이 볼 수 없는 것을 보고 해결책을 찾아 줄 수 있다는 것을 내담자에게 상기시켜라.

▌어울리는 직업

판사, 검사, 변호사, 경찰관, 평론가, 언론인, 기자, 학자, 세무사, 아나운서, 관리자, 투자 전문가, 프로파일러

▌조언 한 스푼

♦ 조금만 더 베풀고 덜 욕심을 낸다면 영혼까지 맑아질 것이다.

♦ 친절하고 따뜻한 실천력으로 타인을 돕는다면 몇 배로 행복할 것이다.

12

매달린 남자
The Hanged Man

새로운 관점이 새로운 이해를 가져온다.

◆ 매달린 남자는 목이 아닌 발로 아주 편안하게 뒷짐을 지고 매달려 있다. 거꾸로 매달린 사람은 목이 아닌 발목을 매달고 있으며, 죽거나 다치지 않았다. 어쩌면 그는 매달린 것이 아니라 스스로 매단 남자일 수 있다.

◆ 후광이 머리를 감싸고 있으니 생각의 전환이 빛나는 아이디어일 수도 있다. 이성적인 판단보다는 무의식에 빠져든다는 것으로, 상승보다는 하강의 이미지가 강하다. 자신의 무의식이나 내면의 모습을 바라보라는 메시지를 주기도 한다.

◆ 그러나 매달린 남자가 머리를 사용하지 않는 것은 아니다. 매달린 남자는 우리에게 지금 처한 상황을 벗어나기 위한 의미 없는 몸부림보다는 상황을 관망하고, 그 근원을 찾아 보라고 말해 준다. 그 어떤 불행도, 역경과 고난도 자신이 그것을 하나의 성장의 단계라고 받아들이고 이겨낼 수 있는 과정이라고 생각한다면 우리에게 큰 절망을 주지는 않을 것이다.

◆ 새로운 관점이 새로운 이해를 가져오는 것이다. 매달린 남자에게는 내맡김의 요소도 있다.

강한 신념과 특별한 아이디어의 소유자

발이 묶여 있는 만큼 행동이나 표현에 있어서는 적극적이기보다는 수동적인 경향이 있다. 하지만 때로는 남들과 다른 창의적인 아이디어를 내기도 한다. 다른 사람에게 불편함을 주지 않으려 하고 도움을 청하는 것을 매우 어려워한다. 자기가 원하는 대로 될 때까지 밀고 나가는 끈기가 있다.

느긋하게 보이지만 내면에 생각이 많다

느긋하다고 느껴지는가 하면 어떤 부분에서는 조급하다. 관계에서나 일에 있어서 남보다 조금 늦은 결과물을 얻게 되어도 그다지 개의치 않는다는 장점이 있다. 겉으로는 잘 드러내지 않지만 자신의 생각, 감각, 취향에 자신감을 가지고 있다. 사회적인 관습을 두려워하지 않고 저항하는 용기도 있다.

♦ 이렇게 표현하면 좋아요

창의적 아이디어	과제물 할 때도 남들과는 다른 창의적인 생각들로 아이디어가 반짝거려요.
남다름	세상이 나와 다르다는 생각에 조금 힘이 들기도 하지만 기다리는 만큼 좋은 결과가 따를 거예요.

이들의 엉뚱한 면을 이해해 주고, 이들의 아이디어에 관심을 가지고 응원해 주는 관계가 주변에 많다면 즐거움을 느낀다. 이들의 장점 중 하나인 느림을 미학으로 여겨 주는 친구면 최고이다. 사생활을 존중해 주고 자신의 속마음을 나눌 수 있는 사람이 곁에 있다면 안정되면서도 창의적인 가치를 발현할 수 있을 것이다.

모든 사람이 그대처럼 집념과 의지가 강하지는 않다는 것을 기억하라. 타인의 감정에 좀 더 공감하도록 노력한다면 조화로운 인간관계를 맺을 수 있을 것이다.

| 상담 방향성 – 변화

새로운 관점이 새로운 이해를 가져온다. 우리의 삶에서 불필요한 것들을 제거하고 우리를 앞으로 나아가지 못하게 방해하는 것들을 벗어 버릴 때이다. 이는 직업, 인간관계, 생활양식, 깊은 신념일 수도 있다. 세상을 보는 시각과 삶의 방식을 점검하거나 숙고하여 새로운 시각으로 바라본다면 그로 인해 우리의 관점이 바뀌게 되어 무엇이 잘못되었는지를 볼 수 있게 된다. 결국 삶은 모든 갈등과 정신의 부조화를 끊임없이 조절해 가는 과정이다.

1. 현재 자신이 감수하고 있는 노력(희생)을 통해 무엇을 얻고 싶은가?

전혀 힘들지 않게 묶여 있는 손과 다리는 오히려 여유로워 보인다. 그리고 다리의 4자 모양은 완벽함을 위한 기다림을 나타낸다. 숫자 4는 균형 잡힌 완벽함을 의미한다. 인내와 기다림을 즐기는 것도 정신 건강에 도움이 된다.

2. 만약 세상을 뒤집어서 지금 상황을 거꾸로 본다면 어떤 느낌이고 무엇이 달라지는가?

카드는 그리스도, 석가모니 상에서나 찾아 볼 수 있는 머리의 후광을 보여 주고 있다. 이는 손과 발이 자유롭지 않더라도 세상을 바라보는 통찰력을 갖고 있다는 의미가 아닐까? 다만 직접 몸으로 '행동'하는 것보다는 아직은 더 생각할 여유를 만끽하고 있는 것처럼 보인다.

매달린 남자가 이 상황을 고난으로 받아들이고, 손발이 자유롭지 않은 상태를 벗어나기 위해 안간힘을 쓴다면, 또한 머릿속이 이런 상황에 대한 불만으로 가득 차 있다면 저런 후광은 생기지 않았을 것이다. 지금 당장은 내담자가 원하는 것이 눈에 보이지는 않지만, 생각을 전환해 보면 어떨까? 기다림을 쉼의 시간으로 여행을 즐긴다든지, 배울 것이나 취미 생활로 시간을 소중하고 감사하게 써 보는 것이다.

3. 당신에게 빛나고 싶은 것은 무엇이며, 그것을 위해 지금 어떤 노력을 하고 있는가?

후광이 아래에서 빛난다. 지금은 원하는 빛을 발하지 못하고 있다면 남들과는 조금 다른 속도와 시간으로 빛날 것임을 알린다. 계절마다 피는 꽃이 다르듯이 먼저 피어나지 않아도 되고, 빨리 피면 도리어 때로는 빨리 진다는 것도 알려 준다. 자신이 처한 상황을 불평하는 것보다 자신과 상황을 면밀하게 살펴 보고 생각해 보며 이겨낼 방법을 모색하고 기다리는 것도 하나의 방법이다.

▌어울리는 직업

도예가, 발효음식 제조가, 농업인, 와인 제조가, 과학자, 디자이너, 영화감독, 로봇공학자, 화학공학 기술자, 출판 기획자

▌조언 한 스푼

◆ 이전과는 다른 새로운 시각으로 세상을 바라보라.
◆ 타인의 시선에 신경 쓰지 말고 끈기 있게 기다려라.

13

죽음
Death

변화를 위해 포기를 선택하는 것도
대단한 용기이다.

♦ '죽음' 카드를 골랐을 때 대부분의 사람은 당혹스러워하거나 낙담하는 경우도 많이 있다. 그러나 죽음도, 그리고 죽음에 상응하는 어떤 손실과 아픔도 우리가 인생을 살아가는 데 있어 꼭 필요한 일이 아닐까?

♦ 카드에 등장하는 4명이 각자 다른 모습으로 죽음을 맞는 것은 이번 생에서 우리 얼굴에 쓴 페르소나들을 의미한다. 이 카드가 실제 죽음을 의미하는 일은 거의 드물다. 어떤 상황이 끝나 가고 있음을 의미한다. 어떤 상황이든 인간관계, 사업, 생활방식이든 이 모든 것이 생애를 누린 뒤에는 끝난다는 의미에서의 죽음을 의미한다.

♦ 죽음은 새로운 시작의 밑거름이다. 낡은 삶이나 사고방식이 죽고, 그것을 떠나보냄으로써 한 단계 더 나아가는 것이 아닐까? 이러한 변화를 기쁘게 맞이하고 그다음을 생각해야 진정한 재탄생을 이룰 수 있다. 스틱스강 건너에는 새로운 태양이 떠오르며 새로운 미래를 말해 주고 있으니까.

목표에 도달하기 위해 노력하는 개척자

구조화를 잘하는 것을 살려 업무에서의 능력이 좋고, 직장에서 책임지는 역할을 잘 수행한다. 거침없는 행동력, 탐구욕과 현재를 뛰어넘으려는 갈망을 가지고 있다.

진정한 리더가 되는 사람이 많다

적극적으로 앞으로 치달리는 타입이다. 결단력이 있고, 용기와 카리스마가 있다. 새로운 상황을 두려워하기보다는 도리어 즐긴다. 무에서 유를 창조할 줄 아는 끈기가 있는 사람이다.

자신감이 크지만 정서적으로 취약한 면도 있다

무슨 일에 뛰어들 때에는 처음부터 성공에 대한 확신을 갖고 시작하기를 좋아한다. 무뚝뚝해 보이기도 하지만 이들은 정서적으로 상처를 잘 받고 본능적으로 자기를 방어하려고 한다.

♦ 이렇게 표현하면 좋아요

개척, 용기	무언가 새롭게 개척하는 걸 잘하는 용기 있는 친구로군요.
변화	새로운 시작을 위해 과거를 빨리 잊고 변화를 두려워하지 않네요.

█ 관계

무언가 서로 나눌 줄 알고, 사랑을 주고받을 수 있는 친밀감으로 사회적 관계를 맺는다면 더욱 성장할 수 있다. 끊임없는 잔소리나 복종을 가장 힘들어하는 유형이므로 지배받거나 잔소리 듣는 것은 어쩔 수 없는 사회적 관계 외에는 힘들어한다. 자신의 꿈을 추구하는 자기중심적이고 이상주의적인 성향이 강하기 때문이다. 책임감이 강하고 꿋꿋한 믿음으로 격려해 주면서 이들의 고독을 알아 주는 관계이면 좋겠다. 그러면 이들은 주변과 나누고 협력해 가는 멋진 개척자가 될 것이다.

█ 상담 방향성 – 억압

'억압'은 불안을 가장 직접적으로 회피하는 일차적 방어기제이다. 자아는 억압을 통해 위협적인 행동이나 감정, 환상, 기억 등이 의식화되는 것을 막는다. 프로이트는 "억압의 핵심은 단순히 어떤 것을 의식으로부터 쫓아 버리고 멀리 두려는 것이다. 바로 수용할 수 없고 용납할 수 없는 것이라서 그렇다"라고 말했다. 예를 들어 지난번 수학 점수만을 전혀 기억하지 못하는 것은 너무 충격적일 정도로 낮은 점수였기 때문이다.

새로운 성장 가능성에 대해 상담의 초점을 맞춘다. 자신의 성장에 필요하지 않은 것들을 찾아서 버리는 용기와 새롭게 변화해야 할 것에 중점을 둔다.

1. 카드에서 가장 먼저 시선을 당기거나 눈에 띄는 무엇이며 누구인가?

가장 먼저 끌린 이유가 무엇인지, 물체나 사람이 무엇을 하고 있는 것처럼 보이는지에 대해 이야기를 나눈다. 인간관계나 생활방식에서 변화시키고 싶은 것이 있다면 그림 안에서 어떤 태도를 취해야 가능할지 찾아 보도록 한다.

2. 자신의 습관이나 버릇에서 고치고 싶은 것은 무엇인가?

그것이 무엇이며 어떤 방향으로 바꾸고 싶은지 묻는다. 그것들에 대해 스스로 너무 욕심을 내거나 외면하는 이유는 무엇이며, 습관을 고치려는 데 방해요인이 되는 것에 관해 이야기를 나눈다. 변화의 두려움에 대한 따뜻한 위로를 건네는 것도 잊지 않는다.

누구도 문을 대신 열어줄 수는 없지만 문을 열 수 있도록 돕고 힘을 주는 존재가 곁에 있음을 상기시키고, 카드에서 강 반대편에서 태양이 떠오르는 모습이 새로운 성장과 시작을 의미한다는 것을 강조한다.

3. 자신은 남들에게 어떤 모습으로 보이고 싶은가?

이것 역시도 카드를 가지고 이야기를 나누면 좋다. 경쟁사회는 우리로 하여금 자꾸 남과 비교하게 한다. 다른 사람보다 더 잘되려고, 다른 사람 눈에 잘 보이려고 하다 보니 빈껍데기뿐인 인생을 살게 된다.

타인을 무시할 수는 없지만 자기 인생의 주인공은 바로 '나'이다. 그래서 가장 중요한 것은 나의 만족이자 행복임을 잊어서는 안 된다.

▍어울리는 직업

의사, 한의사, 카레이서, 스턴트맨, 영화감독, 소방관, CEO, 사업가, 군인, 경영인, 연출가, 1인미디어 콘텐츠 창작자, 치과의사, 선장, 잠수사

▍조언 한 스푼

♦ 의식적으로 스스로를 변화시키는 작업을 하거나 유연성을 가지도록 노력하라.

♦ 가끔은 뒤로 물러서서 일이 진행되는 대로 가만히 놓아두고 바라보라.

14

절제
Temperance

감정이란 출렁출렁 움직이는 게 맞아.

◆ '절제'라는 단어는 억압이나 금욕적인 느낌을 주기 마련이다. 하지만 타로카드에서 절제는 균형, 관용, 침착함과 인내심을 가지라는 의미가 더 크다.

◆ 카드에는 한쪽 발은 물을, 한쪽 발은 흙을 밟고 있는 천사가 있다. 물과 흙의 양극성 위에 서 있는 천사는 대립적인 요소를 포용하는 균형 잡힘을 의미하는 것이 아닐까? 정서적 성숙을 나타내는 그림이 카드 안에 많이 들어 있고, 두 컵 사이에 물을 옮기는 태도에서 균형을 잡으려고 많이 노력하는 상태임을 짐작할 수 있다.

◆ 우리는 우리 내면에 있는 이 천사를 통해 늘 불안하고 어지러운 마음을 가라앉히고 내면의 안정을 찾을 수 있을지 모른다.
그러나 컵에서 흐르는 물의 양과 그 방향은 물리적으로 불가능하게 그려져 있다. 그 불가능이란 도리어 우리에게 진실을 대면할 수 있는 힘과 장애물을 넘을 수 있는 힘을 선물해 준다. 우리는 그 선물을 통해 미래에 대한 불안감과 두려움을 뛰어넘을 용기를 얻는다.
어떤 관계에서 중재자의 역할이 필요할 때도 있다.

겸손하고 참을성 있는 기질

겸손하고 참을성도 있고 지적인 취향을 가지고 있다. 만나는 사람에게 큰 영향력을 끼치는 부드러우면서도 강한 개성을 가지고 있어서 자연스럽게 본보기 역할을 하는 경우가 많다.

내면의 번민과 우유부단함

지적인 머리가 긍정하면 정서적인 가슴이 부정하고, 정서적인 가슴이 긍정하면 지적인 머리가 부정하는 내면의 갈등을 자주 겪을 수 있다. 때로는 그러한 갈등의 시간으로 인해 우유부단하다는 소리를 듣기도 한다.

균형감과 지나친 신중함

모든 것이 양가적인 측면이 있기 때문에 이들의 사생활에서도 관계와 균형 두 가지가 모두 중요한 주제이다. 지나치게 신중하고 민감하다는 소리를 듣기도 한다.

♦ 이렇게 표현하면 좋아요

타협과 중재	친구들과 사이에서도 중재 역할을 잘하는 화해 도우미로 군요.
균형	하고 싶은 것이 있어도 신중하게 생각하고 절제하며 행동하네요.

관계

완전한 인간이란 없다. 그리고 인간관계와 감정에서 완벽하게 균형을 잡는 것도 불가능하다. 때로는 한쪽으로 쏠리고 쏟아져서 관계 속에서 힘들어하는 것이 우리 인간이다. 이들이 실수하기 쉬운 것은 모든 사람을 기쁘게 하거나 만족시키려고 너무 애쓰다가 실상 본인은 돌보지 않는 상태가 될 수도 있다는 점이다. 이들은 자신을 믿어주고 규칙을 잘 지키고 진솔하며 자신을 포장하지 않는 사람을 좋아한다. 그리고 이들과 천천히 오래도록 속내를 나누면 서로에게 좋은 조언자의 역할을 할 수 있을 것이다.

상담의 방향성 - 불안

불안은 각성의 힘이기도 하다. 심리학에서 불안은 스스로를 보호하기 위한 무의식적인 반응이며, 생존을 위해 위험을 피하고자 하는 본능에서 비롯되었다고 한다.

'절제' 카드를 선택한 경우 두 가지의 갈림길에서 선택과 집중을 하도록 함께 방향성을 잡아가는 것이 중요하다. 최근 관계에서 힘든 일이 있었다면 어떤 감정이나 생각이 들었는지, 관계에서 생긴 문제를 해결하는 방법은 어떤 것인지에 대해 이야기를 나눈다. 완벽한 인간은 없음을 인정하고 함께 해소하는 방법을 찾아 보는 방향으로 상담을 진행할 수 있다.

1. 현재 상황에서 자신이 균형을 잡을 필요가 있다고 생각하는 것이 있는가?

현재 자신이 처한 상황에서 마음에서 균형을 잡으려고 애쓰는 것이 무엇인지 점검한다.

상담을 통해 균형을 잡으려고 하는 두 가지 중에서 하나를 극단적으로 선택하기보다는 조율하면서 중간을 지키는 것이 현재로는 최선임을 내담자에게 알려 준다.

2. 지금 일상생활 속에서 하고 싶은 무언가를 시도하고 있는 것이 있는가?

이완된 자세로 가볍게 즐기려는 노력을 하라. 적절히 즐기되 마음의 평정은 깨지지 않도록 주의하라.

결과물을 생각하고 일을 한다면 지나치게 집착하거나 기대하게 된다는 사실을 알려주고 편안한 마음으로 시도함이 좋겠다는 조언도 잊지 않는다.

좁은 길을 따라 먼 곳에 있는 금관은 지금 조바심을 낸다고 얻어지는 것은 아님을 스스로 깨닫게 한다.

3. 이성, 친구, 가족 관계에서 나는 주로 어떤 역할을 하고 있는가?

한 컵에서 다른 컵으로 물을 따르는 모습은 양쪽의 정서와 계속 접촉하며 흐름을 따르라는 의미를 지니고 있는데, 정서적인 성숙을 이루기 위해서는 자신이 어떤 역할로서의 자신에 치중하고 있는 것은 아닌지 살펴 볼 필요가 있다. 치우침 없는 중도를 이야기하고 있다. 관계 문제에 지나치게 집착하는 것을 조심할 필요가 있다. 도피하거나 자기 연민에 빠지지 말고 삶에 당당하게 맞서도록 조언한다.

▌어울리는 직업

펀드매니저, 예능인, 변호사, 노무사, 음악가, 커플매니저, 조경사, 플로리스트, 경매사, 물리치료사, 다문화언어 지도사, 역사학 연구원

▌조언 한 스푼

- ◆ 미카엘 천사는 힘이 있는 천사임을 잊지 않는다면 금관은 그대의 것이다.
- ◆ 두 발의 균형을 놀이처럼 재미있게 즐겨라.

집단원 알아맞히기

활동 목표	나다운 모습 찾기			영역	친목
				대상	초등부터
분야	게임	준 비 물	타로카드, 포스트잇	집단 구성	5명씩 모듬
				소요 시간	45~50분
유의 사항	◆ 여러 집단이 함께 진행해야 할 수 있으므로 소란해지지 않도록 주의한다.				

진행	내 용
준비	◆ 메이저 카드 22장, 궁정 카드 16장을 준비한다. ◆ 타인에 대한 긍정적인 부분을 표현한다.
전개	❶ 포스트잇에 집단원 번호를 하나씩 적어 접어 둔다. ❷ 적어 놓은 포스트잇을 뽑아 뽑힌 사람을 밖에 나가게 한 뒤 포스트잇을 뽑는다. ❸ 다시 뽑힌 사람을 비밀로 하고 나간 집단원을 들어오게 한다. ❹ 뽑힌 사람에 대한 특징을 카드에서 찾아서 들어온 집단원에게 설명해 주고 누구인지 알아맞히는 게임을 한다. ❺ 한 사람씩 돌아가면서 마무리한다.
정리 및 기대 효과	◆ 가장 나다운 모습이 개성화의 궁극적인 모습임을 인지할 수 있다.

제 3 장

메이저 카드

3

15

악마
The Devil

나를 지키는 것은 바로 나 자신이다.

◆ 어두운 색과 '악마(Devil)'라는 글자 자체에서 많은 이들이 거부감을 느끼는 카드이다. 15번 '악마' 카드를 내담자가 집거나 기질카드로 갖고 상담을 할 때는 늘 6번 카드를 함께 보는 것이 좋다. 15번 카드는 1+5=6이므로 6번 '연인' 카드와의 연결성이 있기 때문이다. 사랑과 악마는 동전의 양면과 같다.

◆ 만약 상담 중간에 이 카드가 나왔다면, 이 카드에서 상담을 멈추지 말고 다른 카드를 한 번 더 선택해서 긍정 메시지를 줄 필요가 있다. 이 카드가 주는 이름과 색감으로 인해 자칫 부정적인 이미지만을 갖고 상담을 마무리할 수 있기 때문이다. 이 카드에서 보이는 부정적인 의미도 온통 나쁜 것만은 아닌데도, 초보 상담자들은 흔히 이런 실수를 저지르기도 한다.

◆ 스스로 벗어날 수 있는 느슨한 목의 쇠사슬과 악마가 앉아 있는 작은 문으로 새어 나오는 희미한 불빛이 바로 희망임을 알아차려라. 긍정적으로 욕망을 표출하고, 도덕적인 판단과 절제를 통해 욕망을 조절하면 그것은 더 이상 부정적인 것이 아닐 수 있다. 이 카드는 긍정적인 평가를 받을 만한, 또한 긍정적이라고 자부할 만한 욕구를 표출해 보라는 신호이다.

| 성격

모두의 시선을 사로잡는 매력의 소유자

6번 '연인' 카드를 같이 보여 주는 것이 도움이 된다. 이들이 가진 성격은 동전의 양면 같은 것이다. 사람의 시선을 사로잡는 재능을 선천적으로 타고났으며 외부의 시선을 즐긴다.

뛰어난 몰입도와 집중력

행동하기 전에 세심하게 관찰하는 것을 좋아한다. 하지만 정서적인 압박이나 혼란으로 인해 자신의 일을 깔끔하게 처리하지 못하면 매우 짜증이 나고 심각한 괴로움을 겪을 수 있다.

자신의 기준을 타인에게 요구하는 경향

다른 사람에게도 자기처럼 효과적이고 조직적으로 현실을 꾸려 나갈 것을 요구한다. 외부 세계에 대해서는 현실적이고 객관적이나 자신의 욕구와 감정에 대해서는 그런 관찰 능력을 발휘하지 못하는 경향성도 있으니 주의해야 한다.

♦ 이렇게 표현하면 좋아요

몰입도	하나에 빠지면 뭐든지 열심히 하고 즐기는 모습이 열정적이군요.
압박	꼭 1등을 하지 않아도 괜찮아요.

| 관계

　이들이 끌리는 사람은 의존적이고 도움을 필요로 하는 사람이다. 그러나 현실적으로는 그런 성향이 과도한 사람과 관계를 맺으면 자신의 능력과 에너지를 지나치게 소모할 위험도 있다. 인생의 어두운 측면에 끌리는 경향으로 인해 친구 관계에서 편향적인 측면에 관심을 보인다. 그래서 인간관계에 어긋나는 상황을 만나면 불안을 느끼고 신경질적으로 변할 경우도 있다. 몰입도가 높기 때문이니 관계에 있어 적당한 거리를 유지하는 것도 방법이다. 스스로의 의존성을 돌아보고, 자신에게 다른 사람이 지나치게 밀착되어 주객이 전도되는 것을 조심해야 한다.

| 상담의 방향성 - 불안

　이제 그만 당신과 주변의 현실을 꽁꽁 묶고 있던 '과도한 이상'이라는 쇠사슬을 풀어 버려라. 이상은 그 자체로 소중한 것이지만 주변의 현실과 조화를 이루지 못하면 많은 문제와 갈등을 일으킬 소지가 많아 불안한 심리 상태에 빠질 수 있다. 상담도 여기에 초점을 맞춰 진행한다. 이상은 이상으로써 밤하늘에 빛나게 하고, 우리는 그 별을 지표로 삼아 현실이라는 땅에서 삶의 여행을 계속하는 것이다. 당신을 지키는 것은 바로 당신임을 기억하라.

1. 무엇, 또는 누가 당신의 생각이나 감정, 욕구를 사로잡고 있는가? 현재 지나치게 걱정되는 것이 있는가?

무엇에든 몰입을 한다는 것은 좋으나, 완벽하고 싶은 열망이 지나친 걱정과 불안의 기저에 있을 수 있다. 욕구나 관심사를 창의적으로 다른 것으로 돌릴 수 있도록 한다. 필요한 것은 걱정을 없애는 것이므로 현재 지나치게 걱정되는 것을 종이에 쓰게 한다. 그리고 종이를 마구 구기고, 휴지통을 조금 떨어진 자리에 두고 팽개치듯이 던져 넣도록 한다.

2. 그림에서 나는 누구일까?

자신과 주변 인물이 각각 그림 속의 루시퍼와 남녀 중 어디에 해당하는지를 묻는다. 자신에 대한 투사가 일어날 것이며, 자기 자신에 대한 약속을 어길 때 너무 자책하지 말고 토닥거려 주라고 격려한다. 쇠사슬이 남녀의 목에 느슨하게 묶여 있음이 보일 것이다. 내담자가 원하거나 잘못됨을 깨닫는다면 언제든 쇠사슬을 풀고 나올 수 있음을 상기시켜 준다. 이 카드는 주로 무엇에든 필요 이상으로 몰입하거나 지나치게 집착할 때 나올 수 있다.

3. 직장에서 또는 학교에서 이처럼 악마같이 느껴지는 것은 무엇인가? 자신이 친구, 직장, 가족 등 인간관계에서 가장 갈등하는 것은 무엇인가?

관계의 장점을 알려 주고, 생각을 전환하도록 작은 목표와 단계를 정한다. 작은 목표를 달성했을 때 자신에게 먹기, 놀기, 콘서트 가기 등 보상을 주고, 자책은 금물임을 알려 준다. 외면하고 싶은 감정을 바라보는 것이 힘들고 괴롭지만 외면하지 말고 하나씩 현실로 받아들이고 생각의 전환을 이끈다.

▌어울리는 직업

시인, 극작가, 컴퓨터 프로그래머, 농업인, 양궁선수, 사격선수, 형사, 기자, 사진기자, 개그맨, 마술사, 시각 디자이너, 인테리어 연구가

▌조언 한 스푼

♦ 하나에 집중하면 모든 것을 버리는 경향도 있으니 분리하는 노력을 하라.
♦ 응집력과 몰입의 탁월한 재능을 긍정적으로 발휘한다면 원하는 것을 이룰 수 있다.

16

탑
The Tower

알아차림은 때때로 번개처럼 온다.

◆ 탑이 번개를 맞아 무너져 내리고 있고, 사람들은 그 탑에서 떨어지고 있다. 이것은 우리가 감정을 표현하는 방식을 말해 주기도 한다. '탑' 카드는 실제로 붕괴, 충격, 변화의 의미를 가지는데 그림이 주는 부정적인 느낌 때문에 꺼리는 사람들이 많다. 그러나 실제로 나쁜 감정이란 없다. 다만 감정의 표출 방식에 문제가 있을 뿐이다. 모든 타로카드가 그렇듯이, 이 카드 역시 단순히 부정적인 의미만을 가지고 있는 것은 아니다. '탑'의 안쪽은 어떻게 보면 정말 안정적이고, 나를 지켜 줄 수 있는 편안한 장소가 되기도 한다.

◆ '탑' 카드는 자신을 돌아보는 계기가 될 수 있고, 또한 나를 속박하고 있던 것에서 벗어날 수 있는 기회가 될 수도 있다. 변화가 일어났을 때 어떠한 외부의 충격에도 굴하지 않을 강한 자존감이 있다면 자신을 지킬 수 있지 않을까? 내가 존재하기 때문에 내 주위의 상황과 나의 가치관, 나를 둘러싼 세계가 있다는 것을 깨닫는다면 상황을 이겨낼 수 있을 것이다. 카드를 바라보는 자신의 내면과 대화를 시도하라. 이겨낼 수 있는 답은 내 안에 있다.

도전정신과 안정 욕구의 두 가지 기질

도전정신도 강하나 반대로 안주하고 안정된 삶을 원하기도 한다. 육체의 한계를 뛰어넘어 보려는 충동도 있고, 성공을 향한 돌진력도 있다. 그 반대로 모험을 즐기지 않고 안정적일 때 가장 편안함을 느끼기도 한다. 두 가지 타입의 이들은 말 그대로 오지탐험가 아니면 공무원이 될 수도 있다.

관계에 있어서의 실망과 환멸감

이들의 삶에서 자주 문제가 되는 것은 환멸감이다. 처음에는 낙관적인 태도로 자기가 선택한 일이나 사람을 실제보다 높이 평가한 뒤 나중에 실망을 하는 경우도 많다. 행동이 산만하고 호기심이 많다면 창의적으로 문제를 해결하는 방법을, 안정적으로 타인의 의견을 따라가고 소극적이라면 적극적일 수 있는 방법을 함께 찾아 보도록 한다.

◆ 이렇게 표현하면 좋아요

모험심, 도전	모험하고 도전하고 새롭게 시작하는 걸 두려워하지 않는 용감한 친구로군요.
오만	내가 가지고 있는 답이 정답이 아닐 수 있으니 친구들 의견도 경청해 보아요.

▍관계

정서적인 관계를 맺고 있는 사람은 이들이 어떤 때는 따뜻하고 관대하다가도 또 어떤 때는 아주 차갑고 냉정해진다는 사실을 알 것이다. 그럴 때 이들의 정서적인 부분을 이해하고 감정적인 동요 없이 지지하는 사람이라면 좋은 관계로 발전할 수 있다. 일상에서 벌어지는 크고 작은 문제에 대해 잔소리를 하지 않고, 혼자 숨을 쉴 수 있는 이들만의 공간을 허락하고 인정한다면 관계의 성장에 좋은 영양분을 공급할 것이다.

▍상담 방향성 – 목표와 꿈

꿈은 살아가면서 크고 작은 목표를 세워놓고 그것이 이루어지기를 바라는 마음이다. 그러나 그 안에는 미래를 향한 설렘과 동시에 어려운 시간을 견뎌야 하는 불안이 함께 공존한다. 꿈이 좌절되거나, 혼자만의 헛된 생각 또는 기대로 끝나지 않기 위해서는 구체적인 목표와 방향을 설정해야 한다. 또한, 목표를 이루는 과정에는 부단한 노력과 인내가 필요하다. 자신이 바뀌어야 할 것, 지키고 싶은 것에 대해 상담의 초점을 둔다. 결과를 다루기보다는 내담자의 욕구나 답답함이 무엇인지에 대해 얘기를 나눈다. 잘못된 자존심과 야망으로 인한 내적인 갈등에 대해서도 함께 상담을 하면 좋다. 자신이 원하는 목표를 위해 무엇이 필요한지 포스트잇에 적어 보게 한다.

1. 자신의 환경을 어떻게 개발하고 재정립하고 싶은가?

목표가 처음부터 너무 높으면 힘들다. 적당한 목표치가 중요하다. 점차적으로 달성하면서 성취감을 느끼고, 자신이 정한 목표에 다다르면 스스로에게 칭찬을 해 준다. 과정이 더 중요하다는 것을 강조한다. 우리 자신의 성장을 위해서는 생각의 고정관념을 벗어나서 변화와 용기가 필요하다.

오랜 습관이나 구조에 대한 무지와 한계로부터 벗어나고 싶은 것에 초점을 맞춘다. 일을 처리하는 방법, 공부하는 시간이나 습관, 집중하는 관계나 취미 등 내담자가 갈등을 겪고 있는 것이 무엇이며 어떤 것에 주로 방어적인지 알아본다.

2, 자존심이 상하는 일을 겪었을 때는 어떤 기분이었는가? 내가 정해 둔 목표가 좌절되었을 때는?

있는 그대로의 나를 받아들이는 것, 다양한 나의 모습을 인정하는 것, 한계를 인정하는 것도 지혜이다. 과거라는 잔해를 청소하고 쓰레기통에 버리는 것이다. '지난번처럼 성적이 안 나오면 어쩌지?'처럼 이미 실패한 것에 대해 집착하는 것은 어리석은 일임을 알려 준다.

태풍은 지나갔다. 복구에 전념하라. 성적도 일의 결과도 결코 자기 자신이 아님을 알려 준다. 결과일 뿐이다. 현재 상황 속에서 자신의 가치와 욕구 실현을 위해 현실적인 방법을 찾는 것이 필요하다.

3. 당신이 이룬 것이 어느 순간 무너진다면 어떻게 할 것인가?

　직위는 다른 이에게 돌아갈 수도 있고, 성적이 갑자기 곤두박질치기도 한다. 때로는 놀라거나 충격적인 소식을 들을지도 모른다. 그때 두 가지의 선택이 있다. 재앙에 산산이 부서져 흩어질 수도 있고, 잔해를 얼른 청소하고 충격에서 회복하며 자신의 낡은 답을 던져 버릴 수도 있다. 어떤 선택을 할 것인가는 오직 당신에게 달려 있다.

▌어울리는 직업

　건축가, 응급구조사, 암벽 등반가, 다큐멘터리 피디, 공무원, 다이빙선수, 종교인, 고고학자, 천문학자, 바리스타, 소방관

▌조언 한 스푼

◆ 용기 있는 자신을 자랑스럽게 여기고 탐구심을 협동적으로 사용하라.

◆ 자신 안에 있는 잠재적 힘을 깨어나게 해서 사용하라!

17

별
The Star

삶의 축이 남에서 나로 변할 때.

◆ 이 카드에서는 한밤중이 아닌 대낮인데도 불구하고 별이 빛을 비춰 주고 있다. 우리는 이제 '별' 카드와 만나 질서와 평화를 경험한다.

◆ '별' 카드의 물병에서 쏟아지는 물은 삶 그 자체를 상징하며, 두 개의 물병은 감정과 치유 그 자체를 상징한다. 물을 쏟아내는 것은 중세 시대 사제들이 생명을 살리는 의식, 즉 세례를 주는 것에서 유래한 것이다. 세례는 정화를 의미하고, 정화는 곧 새로운 탄생이다. 그래서 이 카드는 희망과 빛, 마음의 치유와 위안, 평정을 의미한다.

◆ 별은 낮에도 그 자리에 있으며, 밤에 우리가 길을 잃었을 때 길을 찾는데 도움을 주는 길잡이다. 그래서 이 카드는 방향성과 치유라는 의미를 내포하고 있다. 새로운 삶에 대해 생각해 볼 여유도 생긴 것이다. 어쩌면 우리 무의식에서 솟아나는 진정한 여유와 내면의 깊은 곳에 숨어 있던 잠재력에 도달할 수 있는 영감을 얻을지도 모른다. 모든 것은 깨끗해지고 환하고 눈부신 햇살 속으로 우리를 인도하여 다시 도약할 수 있는 새로운 힘이 생겨날 것이라 믿는다.

성격

이타적인 기질

도와 주거나 보살피는 마음을 남보다 더 많이 쓰는 사람이다. 타인에게 관심이 많고, 마음을 기울인다. 이들은 사람들과의 관계를 중요하게 생각하고 사회성이 뛰어나다. 타인을 향한 동정심도 있고 희생적인 면도 있다. 친구들과 꿈과 희망을 이야기하며 공감하고 격려하는 타입이다.

관계 지향적이면서 긍정적인 기질

사람들에게 기쁨과 밝은 기운을 주고, 어떤 상황에서든 대체적으로 온순하고 상냥하다. 친구들에게 인기가 많고 사람들과 이야기하는 것을 좋아해서 주변에 사람이 많다. 때때로 다른 사람의 부탁을 들어 주느라고 혼자만의 시간을 갖는 것이 어려울 수도 있다. 긍정적이라서 현재 상태에 만족해서 결단력 있게 행동으로 옮기지 않고 머뭇거릴 수도 있다.

♦ 이렇게 표현하면 좋아요

인기	창의적이고 다방면에 재능이 있고 친구들에게도 인기가 많을 것 같아요.
감성적	쉽게 포기하지 않고 꾸준히 하면 희망적인 일들이 많이 생길 거 같네요.

힘들어하는 사람을 위해 힘이 되어 주고 싶은 마음이 아주 강해서 사람들은 이들을 좋아한다. 하지만 균형 잡힌 삶을 위해서는 다른 사람을 위해 쓰는 시간과 에너지를 어느 정도는 제한할 필요가 있다. 긍정적인 사고가 지나쳐 이상주의적인 이들은 현실을 잊을 수도 있다. 이들에게 자신을 돌보는 것과 현실적인 것의 중요성을 알려 준다면 균형 잡힌 관계를 맺을 수 있다. 또한, 다른 방식의 삶을 살아가는 친구와 정서적 안정을 주는 관계를 맺는다면 상호보완적이라서 도움이 된다.

▎상담 방향성 – 기쁨

사람들은 대부분 자신이 원하는 바를 이루고 성공했을 때 큰 기쁨을 느낀다. 그중 자아가 실현되고 삶의 보람을 느꼈을 때 가장 큰 행복을 느낀다. 기쁨은 개개인의 목적이나 사고의 차이, 입장에 따라 가치와 크기를 달리한다. 그 기쁨이 작더라도 그것을 느끼고 만족할 때 그 기쁨은 더 커지고 나아가 커다란 만족과 희열을 준다. '별' 카드는 미래의 긍정적인 일이 일어나는 치유의 카드로, 내담자가 세상과 사람들과의 관계를 넓히는 좋은 시기임을 알아차리도록 상담을 진행하면 좋다. 거울 앞에서 이제는 타인의 시선에서 자유로울 수 있다고 스스로에게 말해 보자.

1. 타인과의 관계에서 결과물이 어떠하기를 바라는가?

상대가 원하는 것을 주었는가? 자신에게 이로울 때와 아닐 때 자신의 행동의 차이에 대해서도 이야기를 나눠 본다. 타인으로부터 어떤 평가를 들을 때 기분이 좋고 나쁜지에 대해 점검한다. 타인을 위한 배려가 자신의 어떤 부분을 만족하게 하고 기쁘게 하는지에 대해 살펴본다. 이들은 갈등 상황을 매우 불편하게 생각할 수 있는데 그 상황에서의 행동이나 자책, 또는 자신이 받은 상처에 대해 상담한다.

2. 요즈음 나의 감정은 어떤 부분에 치중하는가?

현재의 고민이나 갈등의 관심사가 다른 곳에 있다는 것을 상담을 통해 알아차리게 한다. 자신의 감정 속에 지나치게 몰두한 원인을 알고, 감정은 늘 변하는 것이므로 감정을 드러내어 다른 사람과 나누면 자신의 일과 공부에 도움이 되기도 한다.

외부 시선을 중심으로 문제를 풀어나가면 답을 얻는 데 좀 더 쉬울 수 있다. 남을 의식하며 그들의 기대에 모두 부응할 수도 없고, 누구도 모든 타인을 만족시킬 수도 없다. 혹시 삶의 축이 내가 아닌 타인이나 밖으로 향하고 있지는 않은지 체크해 본다.

3. 새롭게 시작하고 싶은 것이 있는가?

무엇이든 새롭게 시작하거나 방향을 확인하는 데 최적의 시간이다. 물음에 대한 최선의 대답은 새로움이다. 활력이 넘치는 여인은 새롭게 태어남을 상징하며 물은 자신의 걱정을 쏟아 버리는 것으로 해석이 가능하다. 햇살이 모든 것을 환하게 드러내듯이 미래에 대한 희망에 상담의 초점을 맞춘다. 이제는 자연스럽게 자신을 드러내어도 좋을 시간이니 자신의 노력과 시간을 분위기 전환에 사용할 필요가 있다.

▌어울리는 직업

화가, 가수, 연주가, 무용가, 조경사, 작곡자, 방송작가, 관제사, 경호원, 테마파크 기획자, 파티 플래너, 플로리스트

▌조언 한 스푼

◆ 주된 목표에서 벗어나게 만드는 주제는 과감하게 무시하라.
◆ 길을 잠시 잃어도 별자리가 당신의 길을 안내할 것이다.

18

달
The Moon

미해결된 내가 걸어간다.
그것이 바로 그림자.

◆ 달은 신비롭고 그늘진 무의식의 세계를 상징한다. 우리 무의식의 감정, 본능, 반응 등을 지배하는 것이 '달' 카드이다. '달' 카드와 만났을 때는 자신의 무의식을 들여다보고, 또 내가 보고 있는 현실의 이면을 보려는 마음가짐을 가져 본다.

◆ '그림자'라는 용어는 스위스의 심리학자 칼 구스타프 융이 사용하기 시작한 것이다. 우리 마음의 구조는 복잡하다. 빛의 반대편에 있는 것이 그림자라고 이해를 하면 쉽다. 나와 그림자는 한 덩어리이다. '그림자'는 무의식 속의 열등한 성격이다. 실제 무의식의 영역은 의식적인 그것보다 사람에게 더 큰 영향력을 가지고 있다. '달' 카드는 우리의 그림자 부분을 탐색하는 데 좋은 카드이다.

◆ 달은 자전주기와 공전주기가 같다. 그래서 우리는 언제나 달의 한 면만 보고 살아간다. 비록 지구의 위치에 따라 달의 모습이 다르게 보이지만, 언제까지든 달은 우리를 향해 한 면만을 보여 주고 있을 것이다. 우리는 달의 모습에서 변동과 불확실을 읽어낼 수 있지만, 결국 눈에 보이는 것은 진실이 아니라는 것 역시 알아낼 수 있다. 두 가지 측면을 가지고 있다는 것이 이 카드의 키워드이다.

재주 많은 음유시인

숨은 재주가 많고, 특히 서정적이다. 외향적인 성격과 내성적인 성격이 묘하게 복합된 기질을 가지고 있다. 민감해서 스트레스를 잘 받을 수 있고, 감성적이라 외로움을 남보다 쉽게 느끼기도 한다.

뛰어난 직관력과 관찰력

다른 사람의 시선을 끌지 않고 조용히 관찰하는 법을 안다. 자기가 받은 인상을 세밀하게 기억하는 능력도 있다. 이런 능력으로 인해 동료나 친구들에게 많은 도움을 줄 수 있다.

타인의 비밀을 잘 지키고 속이 깊다

고집이 강하다는 말을 듣기도 하지만 타인의 비밀도 잘 지킨다. 흥도 있고 예술성도 뛰어나지만 남들에게 자랑하지 않는 편이다. 속이 깊고 자신만의 길을 가는 경향이 있다.

♦ 이렇게 표현하면 좋아요

깊은 통찰력	무슨 일이든 깊게 고민하고 나서 행동하려고 하는군요.
갈등	고민하느라 결정을 내리지 못하고 있네요.

| 관계

이들은 신뢰 관계를 대단히 중요하게 생각한다. 감성적으로 다가가서 이들의 속마음을 헤아려 주고 이해하는 사람과 좋은 관계를 유지할 수 있을 것이다. 칭찬받기 위해서 애쓰지는 않지만 그럼에도 불구하고 자기를 이해해 주기를 바라는 욕구가 속마음에 있다. 이들에게는 자기를 있는 그대로 받아 주는 사람을 만나는 것이 이런 문제를 해결할 수 있는 계기가 될 수 있다. 이들의 감수성과 섬세함을 잘 이해하는 친구와 좋은 관계를 맺는다면 많은 도움을 받을 수 있다.

| 상담 방향성 - 그림자

누구나 그림자를 가지고 산다. 빛이 있으면 반대편엔 어두움이 있다. 그림자는 무의식 속 열등한 성격이며 양파처럼 겹겹이 나를 둘러싸고 있는 한 부분이기도 하다. 외면하고 있던 나의 미해결과제를 만나는 일은 쉽지 않다. 인정하기도 힘들다. 상담에서 '나'를 표현하는 방법을 알려 주고 용기를 주는 것이 좋다. 부족하다고 느끼는 자신을 스스로가 토닥이고 사랑해 주고 인정해 주는 것이 그림자를 껴안고 엷게 만드는 방법이기도 하다.

1. 당신이 가야 할 길에서 그림처럼 개와 늑대를 만난다면? 개와 늑대 대
   신 무엇이 있으면 좋을까?

   다른 사람에게는 대수롭지 않은 일이 내게는 수치스러워서 감추고 싶었
던 경험이 있는가? 무엇이 그렇게 느끼게 했을까?

   우리는 삶의 길에서 무수히 많은 것들을 만나는데 그 대상이 동물일 수
도 있고 사람일 수도 있고 일일 수도 있다. 무수히 많은 것들을 만나더라도
나는 나이고, 삶이란 나의 길을 가는 것이다. 길에서 만나는 그들에게 내가
먼저 말을 거는 연습을 하면 좋겠다.

2. 불안과 같은 속마음을 어떻게 처리하는가?

   두려움이란 살아가면서 어떤 현상이나 경험을 예상했을 때 우리가 느끼
게 되는 불안한 감정이다. 인간이란 태생적으로 불안한 존재이다. 엄마와
탯줄이 분리되면서 느끼는 불안은 인간이 느끼는 최초의 감정이기 때문이
다. 감정과 거리를 유지하기 위한 하나의 방법으로 인형을 하나 선택해서
두렵거나 불안한 상황에서 말을 걸도록 한다. 일단 두려움과 불안감을 밖
으로 분리시키면 마음을 다스리는 데 도움이 된다.

3. 누군가를 잡고 자신의 비밀이나 약점을 말하고 싶을 때가 있는가? 실
   제로 그런 때는 어떻게 하는가? 그렇게 하고 나면 어떤 기분이 드는가?

   우리 모두는 자신을 표현하는 데 점점 서툴러지고 자칫 상처를 받을까

입을 다물기도 한다. 친구나 동료들과도 눈치만 보고 쉽사리 입을 열지 못한다. 그러다가 아예 지치거나 포기해 버린다. 그래서 오늘날 모두가 점점 외로워지는 것이다. "내 이야기를 들어줘!"라고 말을 걸어 보면 어떨까.

어울리는 직업

방송작가, 극작가, 작곡가, 패션디자이너, 화가, 연주가, 안무가, 사진작가, 성우, 배우, 가수, 명상가, 심리상담사

조언 한 스푼

- 우울한 감정 속에 너무 오래 머물지 않도록 조심하라.
- 당신이 누구인지를 알 수 있도록 좀 더 투명하게 자신을 내보여도 괜찮다.

19

태양
The Sun

마음의 빗장이 열리는 순간.

◆ 태양은 모든 창조의 근원이자 생명의 근원이다. 결코 모습을 바꾸지 않는다. 아이는 자신보다 더 커다란 하얀 말 위에 앉아 있다. 그러나 아이는 말에서 떨어질까 또는 떨어져서 다칠까를 두려워하지 않는다. 말을 믿는 것이 아니라 자신을 믿는 것이다.

◆ 지구상에 존재했던 모든 문화에서 태양은 따스함과 생명의 상징으로 여겨졌다. '태양' 카드는 그 어떤 상황에서도 희망적이다. 열정을 상징하는 붉은 깃발을 들고 있는 순수한 아이는 건강과 활력, 안녕, 좋은 감정, 긍정적인 느낌을 우리에게 선물한다.

◆ 전체적인 이미지에서 말해 주듯이 이 카드는 긍정적이고 확실한 성공을 이야기하는 카드이다. 그러나 모든 것은 넘치면 문제를 일으키듯이, 태양 역시 지나친 밝음으로 다른 것들을 말려 버릴 수 있다는 것을 기억해야 한다. 나의 충만함이 다른 이들에게 상실감을 주는 것은 아닌지 생각해 보는 것 역시 의미 있는 일이다.
정서적으로 빛과 사랑, 따뜻함의 공간에서 해바라기까지 아이를 바라보고 있다. 더없이 행복한 순간이다.

성격

밝고 열정적인 기질

동기부여가 중요하며 밝고 열정적이다. 주변을 밝게 연출하는 특별한 재능을 가지고 있다. 세상이라는 무대에서 최고의 모습을 보이기 위해 기술을 갈고닦는 데 많은 시간을 쓴다.

강한 자신감과 리더십

경험과 배움을 통해 터득한 실제적인 지식이나 기술에 대해 자신감을 갖고 있다. 리더십도 발달되어 있고, 추진력도 있으며 도전적이라서 멋진 리더가 될 수 있다.

자기 방식대로 밀고 나가는 고집

고집도 있고 옳고 그름을 떠나서 자기 방식대로 밀고 나가려는 경향성을 보인다. 실망스러운 상황에 직면하게 되면 냉소적이고 이기적인 태도를 보일 수도 있다.

♦ 이렇게 표현하면 좋아요

열정, 긍정	어떤 일을 하더라도 열정적이고 긍정적으로 해내는 밝은 친구로군요.
무계획	해야 할 일에 대해 계획을 세워서 좀 더 집중하도록 하세요.

어린아이와 같이 순수한 면이 있는 이들은 자신의 역량보다 더 큰 일을 해내는 용기가 있다. 칭찬받기를 좋아하는 이들은 자신을 특별하게 생각해 주는 사람을 좋아하고 관계 속에서 행복감을 느낀다. 상호 존중과 소중함을 표현하는 관계에서는 이들과 아주 잘 지낼 수 있다.

대개 무대 중심에 서는 것을 좋아하는 이들을 인정하면서도 격려와 응원을 해 주는 사람이라면 좋은 관계를 맺을 수 있다. 이들 곁에 진실한 친구가 있어서 격려, 충고, 칭찬, 조언을 준다면 이들은 훨씬 독보적인 존재감을 느낄 수 있을 것이다.

| 상담의 방향성 - 질투와 성장

질투는 반드시 관계 안에 있어야 느낄 수 있는 감정이다. 질투와 시기심은 비슷한 감정으로 불안과 분노가 동반하는 감정이기도 하다. 자존감이 낮을 때에도 질투가 생기기도 하지만 질투하는 것을 나쁜 것이 아니라 당연한 감정으로 받아들여야 한다. 자기 자신의 질투를 인정하고, 질투는 감정의 실체가 있는 게 아닌 자신의 불안한 심리 작용으로 발생한다는 것을 알아차리면 도움이 된다. 다른 것에 몰두하거나 상대방의 입장에서 생각해 보는 습관을 기르는 것도 방법이다.

1. 무엇을 탄생시키거나 결실을 맺었는가? 어떤 기쁨을 타인과 나누고 있는가?

　성공과 풍요로움이 느껴지는 '태양' 카드에서 말을 타고 자신보다 커다란 깃발을 흔드는 아이가 위험하게 보일 수도 있지만, 긍정적 사고와 순수한 마음으로 용기를 낸 것이다. 벌거벗은 아이는 그 자체로 신의 은총이다. 붉은 깃발은 역동적으로 휘날린다. 긍정적으로 열정을 다하여 행동으로 옮긴다면 기쁨과 풍요를 누릴 것 같다. 그때 기쁨도 함께 나누면 배가 되듯이 남에게도 나눠라. 자신의 행복에 보살핌과 도움을 준 주변의 사람들, 즉 울타리 같은 존재들도 챙기고 고마워하며 따뜻함을 나눠라.

2. 스스로 우월하거나 열등하다고 느낀 적은 없었는가?

　자신의 우월감과 열등감을 점검해 보자.

　우리 인간은 신체적 열등감, 사회적 열등감, 성격적 열등감을 이겨내기 위해서 타인과 어울려 하나의 목표를 향해 책임감 있게 달려가는 존재이다.

　우리는 미성숙하고 그 누구도 완벽하지 않다. 저절로 성숙해지는 어른은 없다는 것을 기억하라. 자신에게 어떤 사회적 관심이 많은지 또는 지금까지는 관계 속에서 자기중심적이지 않았는지 이야기를 나누고 나 자신을 보다 성숙시키기 위해 필요한 것을 찾아 본다.

3. 지금 자신에게 필요한 용기가 있다면 무엇일까?

아마 각자 현재의 상황에 따라 다른 종류의 용기가 필요하다. 모자란 것을 채우려고 애쓰기보다는, 있는 것을 발전시키는 것이 심리상담의 기법 중 하나이다. 현재에서 한 걸음 내딛는 것도 용기이고, 혹여 자신이 원하는 대로 되지 않아도 좌절하지 않는 것도 큰 용기이다.

그리고 마지막으로 자신에게 주는 따뜻한 칭찬의 용기는 고래도 스스로 춤추게 하는 것이다.

▎어울리는 직업

전문 강사, 여행가이드, 숲 해설가, 종교인, 스토리텔러, 쇼호스트, 모델, 여행안내원, 변리사, 외교관, 날씨해설가, 신재생에너지 전문가, 개그맨

▎조언 한 스푼

♦ 인생이라는 연극 무대에서 주연만이 아니라 조연 역할을 하는 것도 필요하다.
♦ 따뜻한 에너지를 남들과 한껏 나눠라.

20

심판
Judgement

새로운 마음으로 다 함께 행복하기.

◆ 내가 가진 것을 가진 것이 없는 사람들에게 나누어 주고, 타인이 가진 아
 픔을 내가 나누어 가지는 것이 자비이다. 최후의 심판 날 천국에 가는 기
 준은 내가 진실로 너희에게 이르노니 이 지극히 작은 자 하나에게 하지
 않는 것이 곧 나에게 하지 않는 것과 같다(마태복음 25장). 지금까지 마주
 쳤던 재탄생의 약속이 현실이 되는 시점이다. 인생의 전망이 우리 앞에
 펼쳐질 때 '마침내'라는 느낌과 안도감이 있다. 궁극적으로 인간 정신의
 대단한 용기와 회복력, 끈기에 대한 찬사이다. 재탄생은 우리 승리의 순
 간이며, 생존을 축하하는 동시에 자기 수용의 시기이다.

◆ 아름다운 삶이란 무엇인지 카드에서 보여 주고 있다. 우리는 죽음과도 같
 은 깊은 잠에서 깨어나 새로운 삶을 살아갈 준비가 되어 있다. 관에서 일
 어나 새로운 삶을 시작하는 사람들의 모습이 바로 그것이다. 지나간 과거
 에 얽매이지 않고 새로운 미래를 향해서 나아가는 것. 이미 문이 열려 있
 고, 우리는 새롭게 일어나고 있다.

정의롭고 희생적인 구세주

이들은 정의롭고 희생적이다. 힘든 사람을 보면 적극 개입해서 도와 주는 구세주 타입이다. 정신적인 것을 중요하게 여겨서 정신적인 차원 또는 영적인 차원을 가치 있게 여긴다. 이들은 돈을 번다든지 사업을 한다든지 하는 일상적인 것에는 관심이 적다. 대부분 생기발랄하며 생동감이 넘치고 쾌활하다. 영적인 면이 혼합된 개성의 소유자들인 셈이다.

동정심에 흔들리는 경향

다른 사람을 위해 기꺼이 자신을 희생할 준비가 되어 있어 이기적인 목적을 가진 사람의 희생물이 되기 쉽다. 동정심에 흔들리는 성향 때문에 다른 사람을 위해서 시간과 돈과 에너지를 필요 이상으로 쓴다. 감정이 대단히 강렬해서 때로는 도저히 감추지를 못한다. 자신의 감정을 알아차리는 것을 연습하면 바람직하다.

◆ 이렇게 표현하면 좋아요

끈기, 힘	난관이 있어도 끈기 있게 노력하고 그걸 극복해내는 힘을 가졌군요.
인내	무슨 일을 하더라도 도전하고 노력하고 성실하게 해내는 친구로군요.

❙ 관계

　이들은 대화와 공감대 형성이 우선하는 관계를 무엇보다 중요하게 생각한다. 정신적인 차원 또는 영적인 차원을 좋아하는 이들과 깊은 관계를 맺기란 쉽지 않다. 일단 정신적인 것이 통해야만 하고, 일상의 잡다한 일들이나 관심 밖의 이야기를 나누는 것을 좋아하지 않는다. 이들은 자신이 타인에게 베풀고 챙겨준 만큼 받지 못하는 편이라서 누군가 따뜻하게 대해 주면 정을 쉽게 주고 믿는 성향이 강해서 그들을 진심으로 이해해 주는 이들과 관계가 지속된다면 아주 바람직하다. 타인을 존중하는 이들은 서로 적당한 거리를 유지하며 존중하고 인정해 주는 관계를 만나면 도움이 된다.

❙ 상담의 방향성 - 자기 존중

　심리학에 의하면 자기 존중이란 자기 이해와 자기 수용의 연습이다. 우리는 모두 부족한 점이 있고 실수를 범할 수 있다. 부족함을 이해하고 용인하는 것은 자신의 성장을 도모할 수 있는 중요한 요소이다. 자신을 사랑하고 격려하는 자기 이미지는 자신을 강화하는 데 큰 역할을 한다. 스스로에게 긍정적인 말과 감사의 태도를 가지는 것이 자기 존중이다.

　내담자와 인간 정신의 위대한 용기, 회복력, 그리고 끈기에 대해 이야기를 나누며 마지막에는 내담자에게 그동안의 노고와 노력에 대한 칭찬과 격려를 전한다.

1. 나는 다른 누군가의 색에 물들어 있지 않은가?

타인의 기준과 신념을 비판 없이 받아들이는 것은 나의 행동이나 사고방식에 악영향을 미치는 것이다. 다른 누군가의 색으로 물들었다면 그 색에서 해방되기 위해서는 나 자신을 돌아보고 다른 사람이나 다른 환경과도 접촉을 시도해야 한다. 접촉을 방해하는 요인이 있을 때는 우리는 자신이 가진 에너지를 제대로 쓰지 못한다. 접촉을 방해하는 요인에 자꾸 에너지를 빼앗기는 경우가 많기 때문이다. 그것이 선입견, 편견, 투사 같은 방어기제라고 할 수 있다.

2. 과거에 얽매여서 후회하는 것은 무엇인가?

이제는 과거와 이별하는 시간이고 새로움이 탄생하는 순간이다. 어둠 속에서 잠자고 있거나 잠재워 둔 자신의 재능을 깨워내야 하는 시간임을 알리는 상징으로 관에서 깨어나 천사의 나팔 소리에 응답하여 위를 향해 팔을 벌리고 있다. 새롭게 태어날 자신 안의 변화를 기꺼이 받아들여라. 자신의 가치관을 제대로 세우고 나만의 색으로 다시 태어나는 순간이 도래하는 것이다. 과거의 것은 청산하고 관이라는 어둠 속에서 나와 의미 있는 삶을 충만하게 살 것을 촉구한다. 그대로 '너는 너', '나는 나'가 아니라 '우리'가 되는 것이다. 바다 건너 배경에서는 다른 인물들이 바다에서 올라오고 있지 아니한가!

3. 스스로 자기(SELF)가 성장하려면 일상에서 어떻게 해야 하는가?

변화의 기본은 개인의 생활습관에서 이타적인 것으로의 점차적 확장이다. 꾸준한 노력으로 습관을 작은 것부터 바꾸면서 점차 나아가는 것이다. 일상생활에서 시작된다는 것을 잊지 않는다면 보다 정신적으로 고양된 만족에 이르게 될 것이다. 무엇보다 다른 이들에게 그것을 함께 나누는 이타적인 삶을 늘 염두에 두는 것 또한 자기 성장의 밑거름이 된다는 점을 명심해야 한다.

▎어울리는 직업

종교인, 심리상담사, 영적 지도자, 작가, 예술가, 여행가, 요가 지도자, 물리치료사, 간호사, 사서, 건축가, 통역사

▎조언 한 스푼

- ◆ 자신의 용기와 끈기와 회복력을 스스로 칭찬하라.
- ◆ 자신을 받아들이기 위한 확인의 기회이다.

21

세계
The World

하늘과 땅 사이에서 삶이 춤춘다.

◆ 과학적으로도 증명된 '21일의 법칙'처럼 메이저 카드의 마지막 숫자도 21
이다. 우리의 뇌는 충분히 반복해서 정보를 전달하지 않으면 익숙하게 느
끼지 않는다. 특정한 행동이 몸에 익을 때까지 21일간 의식적으로 매일
노력해야 한다. 21일은 생각이 대뇌피질에서 뇌간까지 내려가는 데 걸리
는 최소한의 시간이라고 한다. 그동안 같은 행동을 매일 반복하면 어느덧
자연스러운 습관으로 굳어지기 시작한다.

◆ 메이저의 마지막 숫자 21. 우리 인간의 삶을 그림과 상징으로 표현한 타
로카드의 마지막 메이저 카드이기도 하다. 댄서의 주변을 감싸고 있는 원
은 그 위와 아래에 붉은 매듭이 지어져 있다. 이것은 죽음과 탄생의 의미
를 가짐과 동시에 시작과 끝, 처음과 마지막이라는 전체성을 의미한다.
물리적인 것, 지성적인 것, 창조하는 것, 감성적인 것, 이 모든 것은 결국
인간의 본성이며, 이 우주를 구성하는 요소이기도 하다. '세계' 카드는 우
리가 삶의 중요한 과업을 마치고 결말을 맞이했지만, 결말은 또 다른 의
미의 시작이기도 하다는 의미를 담고 있다. 그래서 TAROT는 순환이며
바퀴라는 의미를 가진 것이 아닐까!

기본적으로 완벽해지려는 노력파

어떤 환경에서도 자신이 가진 이상을 이루려는 경향이 있다. 삶의 모든 영역에서 잘못된 것을 찾아 바로잡고 완벽하게 만들려는 욕구를 가지고 있다.

자신의 방식이 최선이라는 확신의 소유자

때로는 자신에게도 다른 사람에게도 무자비할 정도로 높은 기준을 강요하는 경향이 있다. 반대로 기준이 높다 보니 망설이면서 자포자기하고 실망감에 빠질 수도 있다.

복합적인 정서의 소유자

복합적인 정서 때문에 사회성이 좋거나 또는 그리 좋지 않을 수 있다. 혼자 있기를 좋아하는 경우도 많다. 감정의 폭풍을 숨기기 위해서 겉으로 냉정한 척하는 경우가 있다.

♦ 이렇게 표현하면 좋아요

자아, 주관	무슨 일이든 자기 주관이 뚜렷하고 자아가 확고한 멋진 완성형 친구로군요.
자기애	자신을 사랑하는 건 너무 중요한 일이지만 친구에 대한 배려도 함께 하면 좋겠어요.

이들은 감정적인 것을 잘 다스리는 사람으로 내면의 힘이 강하고 자신이 옳다는 느낌을 갖고 있어 심리적으로도 안정적이다. 이들은 자신의 감정에 묶이지 않고 편협하지 않은 태도로 인해 사람들과 잘 어울릴 수 있다.

도덕적으로 올바른 사람이라고 인정받고 싶어 하는 경향이 있어 가까운 이들에게는 스트레스를 줄 수 있다. 먼저 자신의 감정을 개방하고 상대방의 감정을 표출하도록 하는 사람을 만나면 좋은 관계를 맺을 수 있다.

상담 방향성 – 자기실현

세계란 삶을 살아가면서 각자의 주관적인 기준으로 인지하는 것이다. 그런데 문제는 각자가 알고 있는 것이 다르다는 점이다. 내가 아는 세계와 타인이 아는 세계는 다르다. 각자가 경험하는 것이 다르기 때문에 각자가 알고 있는 세계는 다를 수밖에 없는 것이다. 다르다는 것을 아는 것이 진정한 통합이며, 다름에 대한 인정이 비로소 타인의 세계 속에서 자신을 실현하는 길로 나아가게 한다.

자아정체성은 자기가 보는 '나', 어쩌면 자기가 보고 싶은 '나'와 남이 보는 '나'를 통합해 받아들이면서 형성되는 것이다.

1. 나만의 틀이 있는지, 있다면 어떤 것들이 있는지 적어 보거나 카드에서 찾아 보자.

스스로 가진 틀을 깨기는 쉽지 않다. 이럴 때는 가까운 친구나 사람들에게 솔직하게 말을 한다. 자신이 정해 둔 틀을 깨더라도 아무 일도 일어나지 않는다. 카드에서는 월계수가 여인을 둘러싸고 있다. 어쩌면 여인은 월계수 안에 갇힌 자신의 모습이다. 월계수의 초록은 생명력으로 안과 밖을 넘나들 수 있는 상징이다. 살아있음의 색이다. 유연한 사고와 보라색의 너울거리는 움직임의 자유를 가두지 말고 즐겨라.

2. 지금 이뤄지기를 바라는 작은 소원이 하나 있다면?

소원은 모두 다를 것이나 당신이 이루고 싶은 소원을 위해 무엇을 해야만 현실적으로 다가가고 이룰 수 있을까? 예를 들어 부자가 되고 싶다면 남들에게 줄 것을 많이 가져야 한다.

남들에게 줄 것이 많아지면 지금 이뤄지기를 바라는 소원에 이미 가까이 있다. 요행을 바라는 것이 아닌 소원은 이미 이루어진 것이다.

"하늘에서 이룬 것이 땅에서도 이루어지이다."(마태복음 6장 5절)

3. 나와 서로 다르다는 것에 부딪히면 어떻게 하는가?

사람은 각자 자신만의 방식으로 알고 느끼고 생각하고 믿는다. 서로 틀렸다가 아니고 나와 너의 생각, 느낌, 믿음, 감정, 가치관이 서로 다를 뿐이다. 다른 환경에서 자라면 다르게 알게 된다. 같은 환경에서 자라도 이전의 경험이 다르면 현재의 것을 서로 다르게 인식할 수 있다. 아는 세계가 다르고, 경험한 것이 다르기 때문에 각자 다른 것이다. 다름에 대한 인정을 해야 한다. 그렇지 않으면 갈등이 생기게 된다. 인정한다는 것은 존중한다는 것이다.

자신의 입장을 넘어서서 상대의 입장에서 이해한다는 것이 바로 사랑이다.

┃ 어울리는 직업

변호사, 사회조사 전문가, 영양사, 약사, 지리 정보시스템 전문가, 보육교사, 유치원 교사, 외교관, 국제기구 통역사, 항해사, 빅데이터 전문가, 미래농업 전문가, 환경운동가, 3D프린팅 전문가, 드론 전문가

┃ 조언 한 스푼

♦ 나만의 세계에 갇혀 있다면 밖으로 나와 자신을 맘껏 표현하라.
♦ 실수도 인생의 한 부분이라는 것을 기억하라.

메이저 카드와 함께하는 스토리텔링

활동 목표	메이저 카드의 이미지를 숙지함과 동시에 친목 도모의 시간을 가질 수 있다.			영역	친목
				대상	초등 이상
분야	관계 형성	준비물	타로카드	집단 구성	팀당 8명 이내
				소요 시간	50분
유의 사항	◆ 즐거운 마음으로 적극적으로 참여한다.				

진행	내 용
준비	◆ 메이저 카드 중 한 장의 카드를 정하고 이미지를 자세히 살펴 본다.
전개	❶ '시장에 가면' 노래에 맞추어 메이저 카드 중 하나의 카드에 있는 상징물들을 하나씩 추가하며 연결해 간다.(예: 4번 카드에는 황제도 있고, 4번 카드에는 황제도 있고 왕관도 있고, 4번 카드에는~) ❷ 본인의 순서에서 연결을 하지 못한 사람이 카드를 가져간다. ❸ 카드를 가장 적게 가진 사람이 우승!
정리 및 기대 효과	◆ 메이저 카드의 이미지를 자세하게 살펴 보고 기억할 수 있게 된다. ◆ 함께 노래를 이어 나가며 긍정적인 관계 형성을 도모할 수 있다.

제 4 장

슈트 카드

지팡이(불), 컵(물), 검(공기) 그리고 펜타클(땅)은 각각 1에서 10까지의 숫자를 가진 카드로 구성된다. 예를 들면 에이스 완즈(Ace of Wands)에서 텐 완즈(Ten of Wands)까지 한 패가 10장의 카드를 거느려 4벌의 짝패를 모두 합하면 총 40장에 이른다.

거기다 궁전 카드 16장을 포함하여 마이너 카드 56장만으로도 내담자와 이야기를 나누기에 충분하다. 현재 마음의 상태나 환경을 나타내며 그림이 단순해서 누구나 쉽게 자신을 표현하는 데 유용하며 그림을 보며 상담하기에도 좋다.

불·지팡이 Wand

불(火)은 강력한 화력으로 물질을 변화시키며 '지팡이'로 형상화된다. 지팡이는 하나의 '씨앗'이며 무언가를 하기 위한 근본적인 에너지이다. 그래서 지팡이의 '불'은 무한한 성장 잠재력을 갖고 있으며 열정, 창조성이나 프로젝트, 일 등을 의미한다. 당신은 그 힘을 어디에 어떻게 유용하게 쓸 것인가?

내 안의 뜨거움이 옮겨
불길 원하고

물·컵 Cup

물(水)은 액체 상태로 담는 그릇의 모양에 따라 형태가 변하듯, 흐르는 것이나 가변적인 것을 의미하며 '컵'으로 형상화된다. 감정, 느낌, 치유, 사랑, 우정, 사람이 갖는 정서적인 부분을 나타내며 대인관계 등과 같은 면을 다룰 때 등장한다. 당신은 어떤 관계에 만족하거나 힘들어하는가, 아니면 출렁이는가?

마음은 언제나 넘친다

공기·검 Sword

공기(風)는 기체 상태로 어디에나 존재하듯 우리가 처한 환경을 나타내며 '검'으로 형상화된다. 검은 우리에게 성공을 약속하며 감히 '도전'을 권유하고 있다. 검은 지성적 사고와 냉철한 판단으로 단호한 선택을 해야 함을 알려 주고 있다. 당신 앞에는 냉철한 지성으로 도전할 과제가 놓여 있는가?

정신은 늘 하늘의 뜻을
관통하길 원하지만

땅·펜타클 Pentacle

땅(地)은 거기서 수확물을 얻는 것처럼 물질적인 것이나 직접 소유할 수 있는 것을 의미하며 '펜타클'로 형상화된다. 우리의 생각이 현실화될 수 있는 것들, 즉 재화, 직업, 능력, 신체 등을 나타낸다. 이 카드는 물질적인 것이 현실화되고 있음을 알려 준다. 지금 당신은 현실적으로 가장 얻고 싶은 것이 무엇인가?

실재하는 것이야말로
실재하지 않는 것의 그
림자

빈손이 이겨요

활동 목표	카드도 즐겁게 익히며 모둠별로 자연스럽게 친해진다.		영역	교육
			대상	초등 이상
분야	게임, 친교	준비물	집단 구성	5명씩
		타로카드 56장(슈트 카드, 궁정 카드)	소요 시간	30분
유의 사항	◆ 처음에는 모두 카드를 내려놓고 보면서 한다. ◆ 두 번째부터 손에 들고 한다.			

진행	내 용
준비	◆ 숫자가 같거나 그림이 같은 카드를 내고 먼저 손에 카드가 없는 사람이 이긴다. ◆ 메이저 카드를 뺀 나머지 56장으로 한다.
전개	❶ 1인당 5장씩 나누고 나머지는 덮어 둔다. ❷ 맨 처음 한 장을 내고 시계 방향으로 돌아가며 순서대로 한다 ❸ 숫자나 그림이 같은 카드를 낸다. ❹ ACE 카드 4장은 같은 그림일 때 내면서 다른 그림으로 바꿀 수 있다. ❺ 맨 위에 올려진 카드 중에 자신의 차례에 그림이나 숫자가 같은 카드가 없을 때는 한 장을 가져간다(카드의 수가 늘어난다). ❻ 손에 카드가 가장 먼저 없는 사람이 이긴다.
정리 및 기대 효과	◆ 카드를 통해 마이너 카드를 자연스럽게 외우고 친목을 도모하는 게임으로도 재미있다. ◆ 가족이나 친구들과도 즐길 수 있는 게임이다.

나의 엄니, 아부지, 그리고 가족

활동 목표	가족에 대해 가지고 있는 각자의 생각을 카드를 통해 이야기한다.		영역	심리
			대상	초등 이상
분야		준비물	궁정 카드 16장, 메이저 카드(0~7번), 종이, 펜	집단 구성	개인 상담, 모둠
				소요 시간	50분
유의 사항	◆ 모둠별로 할 때는 청소년의 경우 한 부모 가정이나 조부모 가정은 주의해야 한다. ◆ 집단보다는 개인 상담에 매우 유용하다.			

진행	내 용
준비	◆ 궁정 카드 16장, 메이저 카드(0~7번) 8장을 준비한다. ◆ 만약 카드가 없다면 종이에 인쇄해서 해도 된다.
전개	❶ 할머니, 할아버지, 아빠, 엄마, 형제들과 비슷한 카드를 고른다. ❷ 종이에 왜 그 카드가 가족과 비슷한지를 적는다. ❸ 종이 하단에 가족들 개개인에 대한 바람을 적는다(바뀌었으면 좋겠다는 것을 적으라고 한다). ❹ 발표 모둠별로 진행한다. 성인의 경우 나의 엄니, 아부지로 해서 어린 시절 기억 속의 부모님과 비슷한 카드를 고른다. ❺ 그래서 지금 내게 끼치는 영향은 무엇이었나?(현재는 나는 어떤 부모)
정리 및 기대 효과	◆ 상담에서 아동부터 성인까지 가족에 대해 또는 어떤 부모인지에 대해 알 수 있다. ◆ 아동과 부모 상담에서도 함께 해도 유용한 프로그램이다.

겨울이 오면
봄이 멀지 않으리.

−셜리

지팡이가 지닌 의미 중 하나가 생명력이다. 시작, 생명력, 씨앗, 에너지, 무한한 성장, 잠재력, 힘, 열정, 창조성, 일, 새로운 프로젝트를 상징한다.

상담의 방향성

공부, 업무, 또는 사업에 있어 창조적인 성과를 내기 위해 자신의 열정과 에너지를 모아 행동을 개시하라는 신호임을 강조해도 좋다. 이러한 '불'의 기운을 선물로 받은 것은 자신이 어떤 일이든 할 수 있는 '힘'이 생겨나고 있다는 의미이므로 이제는 한껏 비상할 용기를 낼 필요가 있다고 조언한다.

투 완즈 Two of Wands

우연이 아닌,
선택이 운명을 결정한다.

고상한 이상, 목표, 장래성을 나타내며 미래의 성공을 약속하는 카드이다. 성숙한 개인, 두 개를 놓고 갈등하는 상태, 목적과 필요의 달성, 대담성, 사업적 용기를 상징한다. 선택과목, 학과, 직장, 또는 직업에서의 선택과 세상의 소통에 대해 망설이고 고민하는 상태를 나타낸다.

상담의 방향성

숫자가 의미하듯 남자는 나와는 또 다른 세계를 인식하고 선택의 갈등에 빠져 있다. 앞뒤 지팡이 사이에서 그는 갈등하고 있다. 이 카드는 꿈의 실현, 원하는 것의 달성, 용기 등의 의미를 지니며 또 다른 세상과의 소통에 대한 고민과 결단을 보여주고 있다. 이런 의미를 좀 더 구체화할 필요가 있다. 생각만으로 망설이는 것보다 실제로 행동으로 부딪쳐 보길 응원해 준다.

사람들은 성공하기로 결심한 순간
성공할 수 있게 된다.

— 하비 맥케이

출발, 만족, 결단, 사업적인 결실, 무역, 완성,
상업, 새로운 시작, 나아감, 풍요로움, 긍정적인
진척, 먼 여행을 상징한다.

상담의 방향성

남자는 다시 또 다른 무엇인가를 위해 출발
하고자 지팡이를 단단히 잡고 있다. 남자의 든
든한 등판이 꽤나 믿음직스럽다. 다행히 바람
도 잔잔하고 떠다니는 배도 여유롭다. 이 카드
는 당신의 새로운 출발이 순탄하고 풍요로울
것임을 알려 주고 있으며 당신의 일이 긍정적
으로 진전될 것임을 말해 주고 있다. 그대로 마
음이 가는 대로 행동을 추진해도 좋다는 격려
가 도움이 된다.

포 완즈 Four of Wands

괴롭지 않은 것이 행복이다.

―자연

안정과 번영을 상징한다. 이 카드는 행복, 축하할 일, 정신적, 심리적, 정서적 풍요로움을 의미하며, 노동 후의 보상, 중간 휴식, 오락시간, 낭만, 사업, 조화, 구축을 나타낸다.

상담의 방향성

우리는 감사해야 한다. 그리고 주변에 축하할 일이 있다면 행복과 기쁨을 함께 나누어야 한다. 나눔과 축하를 통해 행복한 사람이 될 수 있음을 아는 것이 중요하다고 말해 준다. 축하와 격려, 기쁨을 함께 나누어라. 노력이 좋은 결과로 이어질 것이니 지금 어떤 일이든 게을리하지 말라고 당부하라.

Five of Wands 파이브 완즈

토론은 싸움이 아니야.

— 팜파스

현재 진행 중인 일에 대한 논쟁, 공부에서의 집중력 저하, 직장에서의 이해관계, 사소한 장애물, 단기간의 곤란을 의미한다. 소소한 말다툼이나 분쟁이 일어날 수 있음을 알려 주고 있다. 분쟁, 투쟁, 토론, 내 안의 갈등과 충동 등을 가시화하고 있는 것으로 볼 수 있다.

상담의 방향성

의견의 일치를 고집하지 않고 서로 다름에 대해 존중하는 자세를 가져야 한다. 서로 다른 색의 옷과 나무의 방향은 서로 다른 견해를 말한다. 자세히 보면 이들의 나무가 서로 다른 방향으로 부딪히지 않는다. 만약 불편한 관계나 논쟁이 있다면 상대와의 맞대응보다는 조금 거리를 두고 문제를 바라볼 필요가 있다고 조언을 한다.

식스 완즈 Six of Wands

타인을 보살필 수 있는 사람이 되는 것,
그것이 의미 있는 삶이다.

─자연

이 카드는 긍정적 결과, 성공, 축하, 승리, 도움, 함께 이뤄내는 기쁨, 공동체, 노고, 노력, 기쁨을 상징한다.

상담의 방향성

혼자의 힘으로 이룬 성공이 아닌 것을 자각하고 백마와 주변 사람들의 노고를 잊지 말아야 한다. 이 카드는 일의 성공에서 다른 사람들의 협력이 필요하다는 것을 상기시킨다. 또한, 다른 사람이 승리를 거두었을 때에도 진심으로 축하를 하고 기쁨을 함께 나누는 것은 자신에게도 커다란 행복임을 기억해야 한다. 다른 사람의 성공을 축하하는 것은 우리의 관계를 강화하고 긍정적인 에너지를 나눌 수 있는 좋은 기회가 된다.

해낼 수 있는 의지와
믿음을 가진 그대, 전진하라.
－자연

이 카드는 힘겨움, 혼자서 해내야 할 문제, 성공, 획득, 이득, 승리, 극복을 상징한다. 어려운 상황에서도 자신감, 용기, 대처능력을 갖추고 있으며, 이를 통해 성공하고 유리한 입지를 얻을 수 있다는 의미를 나타낸다.

상담의 방향성

뒤로는 절벽인 듯 아무것도 보이지 않지만 다행히도 하늘은 청명해서 그의 미래가 그리 어둡지 않음을 말해 주고 있다. 그의 의지에 찬 긴 막대기는 한 번에 나머지 6개를 물리칠 수 있는 힘을 갖고 있다. 그는 그들보다 더 많은 저력과 의지를 가지고 있다. 이는 그가 잡은 나뭇가지에 핀 새싹에서 알 수 있으니 당신은 반드시 해낼 수 있다는 믿음을 가져야 한다.

에이트 완즈 Eight of Wands

속도는 방향에서 나온다.

—자연

이동, 전진, 속도, 움직임, 동작, 빠른 결정, 갑작스러운 진보를 상징한다. 이 카드는 보다 나은 방향으로의 이동, 침체에서 벗어나 솔선수범하며 새롭게 시작할 때임을 나타내며 만족과 성공의 의미를 가지고 있다.

상담의 방향성

방향성을 잡고 힘차게 도약하며 전진하는 것은 좋은 선택이다. 멀리 집이 보이는 것은 지금보다 안정되고, 물이 흐르는 것으로 나무는 잘 성장할 수 있음을 말한다. 이는 일, 공부, 직업에서 방향성을 정확하고 확고하게 잡고 집중하는 것이 중요하다는 것을 말해 준다. 목표를 설정하고 그에 맞춰 노력하며 전진할 때, 안정과 성장이 기대될 수 있다.

여기까지 수고한 당신
토닥토닥, 쓰담쓰담!

─자연

비축해 둔 잠재력이 있으므로 인내와 용기로 목표를 달성하고, 어려움과 변화에 대한 기대를 갖고 투쟁에서 휴식을 취할 수 있음을 상징한다. 스트레스로 몸과 마음이 지쳐 있을 때 힘을 주는 신념의 카드이다. 돋아나는 새싹처럼 일을 완성할 수 있는 힘이 보인다.

상담의 방향성

이 카드가 나오면 가장 먼저 지금까지 해내느라고 애썼다는 점을 칭찬하고 위로해 주는 것이 좋다. 이 카드는 지지와 믿음, 격려가 마지막 남은 힘이 되어 그것을 해낼 수 있도록 도와줄 것을 나타낸다. 그는 부상을 입더라도 놓지 않은 의지로 목표를 달성할 것을 암시한다. 지금까지의 노력을 인정하며, 그의 결단력과 강인한 의지를 믿고 지지해 주면 큰 힘이 된다.

텐 완즈 Ten of Wands

혼자의 힘으로 다하려 말고
도움이나 도구를 이용하라.

이 카드는 육체적, 정신적, 감정적 부담을 의미한다. 과도한 압박, 곧 해결될 문제, 어떤 수준이나 지위를 위한 노력, 개인적인 목적을 위하여 사용되는 힘을 상징한다. 스트레스와 애쓰는 상태에서 앞이 보이지 않는 상황이다.

상담의 방향성

이 카드는 자신이 희생을 너무 많이 감수하고 있는 것은 아닌지, 압박감을 완화할 방법을 고민해 볼 것을 암시한다. 옆에 있는 사람들에게 도움을 청하는 것이나, 나무를 가지고 가는 방법을 변경하거나 도구를 이용하여 나르는 것을 고려해 보라. 다양한 관점과 방법을 고려하여 상황을 개선해 나갈 수 있다는 점을 내담자에게 상기시켜 주면 도움이 된다.

나는 어떤 관계를 원할까?

활동 목표	자신의 관계 형태와 내면의 나를 만나다 / 무의식 탐색			영역	심리(심상)
				대상	청소년 이상
분야	자기 이해	준비물	궁정 카드16장, 종이, 펜	집단 구성	개인 상담, 4~5명 모둠
				소요 시간	50분
유의 사항	◆ 집중하기 위해 차분한 분위기 속에서 진행되도록 한다.				

진행	내 용
준비	◆ 궁정 카드 16장이나 인쇄된 종이를 모둠 숫자만큼 준비한다.
전개	집중하기 위해 조용히 눈을 감는다. 고등학생 또는 대학생이 되어 MT를 간다고 상상한다(아래의 예는 청소년 대상). ❶ 가장 먼저 눈에 들어온 친구는?(남에게 보이고 싶은 나) ❷ 가장 먼저 말을 내게 걸어온 친구?(남을 대할 때의 나) ❸ 반장이나 과대표가 되면 좋을 것 같은 친구?(되고 싶은 나) ❹ 거슬리는 친구?(숨기고 싶은 나의 모습) ❺ 먼저 모둠에서 카드를 고른 이유에 대해 돌아가며 이야기를 나눈다. ❻ 충분한 시간을 주고 서로 모둠별 발표가 끝난 후 질문 옆 괄호 안의 의미를 상담자는 가장 나중에 말해 준다.
정리 및 기대 효과	◆ 자기 자신에 대해 이해한다. ◆ 모둠별로 소극적인 친구도 자연스럽게 참여한다. ◆ 발표력을 키운다. ◆ 친근한 사이가 된다.

에이스 컵 Ace of Cups

이성이 인간을 만들어 낸다고 하면
감정은 인간을 이끌어 간다.

—루소

감정의 흐름을 나타내고, 대인관계의 새로운 시작이나 화합, 풍부함, 충만함, 달성, 기쁨, 아름다움, 사랑, 넘치는 친절을 상징한다. 물은 기본적으로 치유와 정화, 무의식을 상징한다.

상담의 방향성

5개의 물줄기가 흘러내리듯이 우리의 감정과 정서, 관계도 자연스럽게 흐를 때 건강한 관계가 형성된다. 좋은 감정이든 나쁜 감정이든 모두 마찬가지이다. 특히 부정적인 감정은 오래도록 우리 곁에 머물 수 있으므로 물줄기처럼 흐르도록 해야 한다. 이는 새로운 관계와 상황이 좋아지는 신호일 수 있다. 우리는 감정의 흐름을 인식하고 조절하여 더 건강하고 긍정적인 관계를 형성할 수 있다.

사람은 사람에게서 치유된다.

—자연

문서상의 서약 또는 계약, 의견 일치, 사랑, 약속, 새로운 시작, 연합, 이해, 공동체, 대립물의 조화, 갈등의 해결을 상징한다.

상담의 방향성

일과 공부, 새로운 프로젝트에서 함께 의기투합하여 협력하면 서로에게 지지가 되어 좋은 결과를 이뤄낼 수 있다. 이 카드에서 남녀 사이의 그림은 서로에게 치유적인 관계를 나타내며 중재를 상징한다. 이를 통해 서로에게 긍정적인 결과를 가져다 줄 수 있음을 추측할 수 있다. 사람이 사람에게서 치유되는 시간이다. 서로를 이해하고 지지하는 관계를 통해 우리는 성장하고 발전할 수 있다.

쓰리 컵 Three of Cups

서로 마음이 맞으면 꽃이 피어난다.
-자연

여러 사람과의 정서적 교류, 교제의 기쁨, 친구와의 우정을 통한 즐거움이나 정서적 만족, 특별한 축하의 시기를 나타낸다. 축배를 들기 위해서는 함께 힘을 합쳐야 한다.

상담의 방향성

일과 공부를 혼자 하는 것보다는 그룹으로 진행하거나, 연인을 사귀기를 원한다면 동호회나 모임에 참여하는 것을 추천한다. 이를 통해 여러 사람과의 교류가 이어질 수 있다. 기쁨은 함께하면 배가 되고, 슬픔은 나누면 반으로 줄어든다. 다른 사람들과 함께하는 경험을 통해 더 큰 기쁨을 느낄 수 있으며, 슬픔을 나누면 더욱 가벼워질 수 있다. 따라서 이 카드는 우정과 관련이 있으며, 여러 사람과의 정서적 교류, 교제의 기쁨을 의미한다.

사람들이 왜 새로운 생각을 두려워하는지
이해할 수 없다. 나는 오래된 생각이 두렵다.
− 존 케이지

무기력, 의욕상실, 미련, 권태, 지루함, 지나간
감정에 머무름, 그리고 정서적·감정적 시련을
겪고 있음을 상징한다.

상담의 방향성

도움의 손길이 새로운 컵을 내미는 것도 보
지 못한 채 엉뚱한 곳에 공허한 시선을 보내고
있다. 자기감정에 빠져 현실을 제대로 인식하지
못하고 있음을 나타낸다. 이 카드는 새로운 전
기가 필요하다는 것을 암시한다. 상념에서 벗
어나 새로운 기회를 잡으라는 의미도 내포하고
있다. 고개를 들어 내미는 손을 보려면 과거에
서 벗어나야 한다.

파이브 컵 Five of Cups

우리는 종종 닫힌 문을 멍하니 바라보다가
우리를 향해 열린 문을 보지 못하게 된다.

－헬렌 켈러

이 카드는 슬픔, 분리, 비탄, 인간관계에 대한 실망감, 감정적으로 위축되고 슬픈 상태, 절망, 자신의 행동에 대한 후회, 결과가 실망스러운 일을 상징한다.

상담의 방향성

아직 뒤에 쓰러지지 않은 컵이 2개나 있고 이 난관을 건널 수 있는 다리도 가까이 있다. 게다가 다리 너머에는 자신을 보호해 줄 요새도 보인다. 이미 엎질러진 물에 대해 지나치게 연연하지는 말길 바란다. 여기서 중요한 것은 일어날 수 있게 하는 용기와 응원이다. 그것이 상황을 극복하고 다시 시작할 수 있게 도와 줄 것이다.

다시 회상하기에 달콤한 것이
많다면 좋겠다.

—자연

이 카드는 향수, 추억이나 회상, 오랜 친구와의 만남, 과거의 영향력, 희미해진 것, 지나간 어린 시절, 빛바랜 기억과 이미지를 상징한다.

상담의 방향성

감정표현 방식을 상대의 눈높이에 맞춰 보고, 과거와 현재 사이에 균형을 유지하는 것이 중요하다는 점을 의미한다. 혹시 현재 자신이 진행하는 일이나 만나는 사람이 과거에 뿌리를 두고 있는 것은 아닌지, 혹은 지나치게 과거에 사로잡혀 있는 것은 아닌지 한번 점검할 필요가 있다. 익숙함에 너무 오래 머무르지 말기를 당부한다. 과거의 편안함에 머무르는 것보다 현재의 가능성을 살피며 앞으로 나아갈 수 있도록 노력해야 한다.

세븐 컵 Seven of Cups

내 가치는 날마다 내가 하는 선택에 의해 결정된다.
분명한 선택은 끝이 아니라 시작이다.

환상, 상상, 백일몽, 공상, 소망, 생각, 실체가 없는 착각 속의 성공, 마음이 불안정한 상태, 선택의 갈림길, 꿈이나 환상에 머물다가 하게 되는 그릇된 판단을 상징한다.

상담의 방향성

복잡한 마음을 나타내며, 감정이 불안정하거나 생각이 많을 때, 이러한 상황에서는 이성적인 생각을 가지기 어려울 수 있다. 이럴 때는 선택을 하지 않는 것이 좋다. 만약 선택을 해야 한다면, 욕심을 내지 말고 하나의 선택에 집중하는 것이 중요하다. 예를 들어, 모든 성적을 한꺼번에 올리는 것은 어려울 수 있으므로, 한 과목에서 성적을 향상시키는 것도 하나의 선택이 될 수 있다.

Eight of Cups 에이트 컵

버려야 할 것이 무엇인지 아는 순간부터
현재는 가장 아름답게 불타기 시작한다.

―자연

과거의 업적 위에 하나를 완전히 채우려고 하는 모습은 새로운 것을 추구하려는 열망과 함께 어딘가로 떠나는 상황을 상징한다. 그러나 이를 통해 때로는 일시적인 실패와 실망을 경험할 수도 있다.

상담의 방향성

본능적인 것과 의무적인 것, 사회적인 것과 자신이 진짜 원하는 것 등을 겹쳐진 해와 달로 보여 주고 있다. 이는 원하는 것이 무엇인가에 가려져 있거나, 책임과 의무에 의해 억압되는 상황 또는 자신이 원하지 않는 일에 대한 마음의 불편함을 개기일식이라는 상징으로 표현하고 있다. 개기일식처럼 가려져 있는 진정한 감정을 드러내는 연습을 하도록 내담자를 격려한다.

나인 컵 Nine of Cups

물질만을 채운다면 정신이 추해지고,
정신만을 추구하면 현실이 궁핍하다.

만족과 소망의 카드로 욕구의 완성을 의미한
다. 이는 감정적이고 물질적인 행복을 상징한
다. 이 카드는 성공, 물질적인 목표의 달성, 이
익, 우월함, 행복, 그리고 사회적인 관계에 대한
자부심을 나타낸다.

상담의 방향성

원하는 만큼 얻을 수 있고 기대한 만큼 이루
어진다. 소망하는 것을 얻게 되며 인생의 즐거
움을 향유할 수 있다는 기분 좋은 소식을 전해
준다. 컵은 감정을 상징하기 때문에 대인관계에
서 감정적인 만족이 크다는 것을 알 수 있다.
다른 사람들과의 관계에서 감정적인 요구와 상
호작용이 중요하다는 것을 상징한다. 내담자에
게 기다리지 말고 먼저 소통을 시도해 보라고
권유한다.

무지개는 나의 감정,
우리들의 마음.

－자연

가족의 중요성, 즐거움, 평화, 사랑, 지속적인 안정감, 성취, 만족을 상징한다. 행복의 근원은 바로 가정에 있다는 소박하고 평범한 결론이지만 이 카드는 성공과 성취를 축하하고 있다.

상담의 방향성

진정한 행복은 소박한 것에 있다는 것을 가족의 화려하지 않은 옷차림에서 알 수 있다. 소확행을 통해 작은 것들에 감사하며 행복을 느낄 수 있다는 것을 상기시킨다. 이 카드는 모든 감정과 관계가 마치 무지개 위에서 빛나고 있는 아름다운 상징을 보여 준다. 감사함과 배려, 나눔의 가치가 우리의 감정과 관계에 빛과 색상을 더해 준다는 것을 의미한다.

타로카드 스피드 퀴즈

활동 목표	게임을 통해 타로카드의 이미지를 숙지함과 동시에 팀워크를 향상시키게 된다.			영역	친목
				대상	초등 이상
분야	자기 노출	준비물	타로카드(메이저, 궁정), 스피드 퀴즈판	집단 구성	팀당 8명 이내
				소요 시간	50분
유의 사항	◆ 타로의 이미지를 설명할 때 카드 이름을 직접적으로 말하지 않는다.				

진행	내용
준비	◆ 팀을 나누어 먼저 문제를 맞힐 팀을 정한다. ◆ 카드가 없으면 종이에 인쇄해서 사용해도 된다.
전개	❶ 상대 팀 중 한 사람이 타로카드의 이미지가 있는 스케치북을 높이 들고 서 있고, 또 다른 사람은 시간을 체크한다. ❷ 문제를 맞히는 팀 중 한 사람은 반대편에 서서 스케치북에 있는 타로의 이미지를 말하지 않고 몸동작으로 설명한다. ❸ 문제를 맞히는 팀의 나머지 팀원들은 스케치북 아래에서 순서대로 돌아가며 정답을 맞힌다. ❹ 주어진 시간 내에 더 많이 맞히는 팀이 우승!
정리 및 기대 효과	◆ 정답을 맞히는 과정에서 자연스럽게 다양한 타로의 이미지를 떠올리게 된다. ◆ 순발력과 팀워크를 통해 성취감을 느낄 수 있다.

Ace of Swords 에이스 소드

인생은 단순해요.
우리 머릿속이 복잡할 뿐이지.

—이석원

이 카드는 결심, 도전, 새로운 프로젝트, 사업, 새로운 배움, 학업의 시작, 시험, 자격증 취득, 힘, 활동성, 번영, 지식, 지성, 명예, 풍요를 상징한다.

상담의 방향성

'검'은 우리에게 성공을 약속하며 감히 '도전'하기를 권유하고 있다. 그러나 도전을 할 때에도 경계를 늦추지 않는다면 판단에 도움이 될 것이다. 특히, 배움과 관련된 것들에서는 새로운 시작을 할 때 자신감을 가지고 도전해야 한다는 용기를 준다. 또한, 손등을 보여 주는 것은 주의하라는 의미로 해석되며 시험이나 프로젝트와 같은 상황에서 이성적이고 신중하게 접근해야 한다는 경고를 전달한다.

투 소드 Two of Swords

근심은 평안을 훔치는 도둑이니
아무 생각 없이 실행하라.

— 자연

선택의 기로에서 현실적인 문제를 직시하지 못하고 두려워하고 있다. 눈과 가슴을 가린 것은 경계와 두려움으로 방어적인 자세를 취하는 것을 상징한다.

상담의 방향성

아무 선택도 하지 않고 고민과 방어 자세로 머물러 있다면, 초승달이 이제야 뜨기 시작하여 오랫동안 어려움을 겪을 수 있다. 그러므로 지금 결정을 내리는 것이 고민을 지속하는 것보다 바람직하다. 실제 상황은 예상보다 더 괜찮을 수 있으니 자신을 둘러보고 용기를 내어 선택하기 바란다. 눈을 가린 안대는 두려움을 상징하며, 이를 직시하고 마주하는 것도 괜찮다는 메시지를 전달한다.

나에게 상처 줄 수 있는 사람은
오직 나뿐이다.

— 자연

이 카드는 슬픔과 고통, 떠난 사랑과 사람에 대
한 눈물, 슬픔, 투쟁, 균형, 객관성, 정확한 상황
판단, 이성적 사고, 마음의 상처, 과거와 현재의
정서적 또는 감정적인 아픔을 상징한다.

상담의 방향성

3개의 검이 심장을 관통한 것으로 보아, 이는
물리적인 상처가 아닌 마음의 상처임을 알 수
있다. 이 카드는 우리가 내면적으로 상처를 입
었으며, 이를 치유하는 과정을 겪고 있다는 것
을 상징한다. 아직 심장에는 피가 흐르지 않고,
비는 서서히 그치고 있는 상황이다. 이는 상처
가 아직 완전히 회복되지 않았으며, 시간이 필
요하다는 것을 암시한다. 빗물은 눈물일 수도
있다. 이 카드는 우리의 상처와 아픔이 우리의
감정을 표현하는 눈물로 나타날 수 있음을 말
하고 있다.

포 소드 Four of Swords

가는 데까지 가거라 가다 막히면 앉아서 쉬거라
쉬다 보면 새로운 길이 보이리

이 카드는 휴식과 안정, 회복을 의미하며, 건강의 회복, 질병의 치유, 정지, 휴식, 보충, 은거, 평화를 상징한다.

상담의 방향성

벽에는 근심과 걱정의 상징인 '검'을 걸어두고 휴식을 취하고 있다. 평안과 회복은 스테인글라스로 표현된다. 성공의 약속을 잠시 잊고 안정이 필요하다. 고된 시간 뒤의 정서적 치유의 의미도 있다. 자신을 신체적으로, 정신적으로 한번 돌아보고, 내면의 치유와 평화를 찾아가라는 메시지를 전한다. 생각을 멈추고 물러나 잠시 쉰다면 좋은 결과가 올 것을 알고 걱정과 근심도 멈춤이 필요하다는 것을 상기시킨다.

> 걱정은 내일의 슬픔을 덜어 주는 것이
> 아니라 오늘의 힘을 앗아 간다.
>
> — 코리 딘

이 카드는 이긴 사람도 진 사람도 없는 싸움을 나타낸다. 행동하기 전에 자신의 한계와 능력을 먼저 인식하고 받아들여야 한다. 이는 불편한 상대와의 다툼, 무의미한 승리, 그리고 충돌이 생각과 행동에 의한 고민으로 이어지는 것을 막을 수 있다.

상담의 방향성

이 카드는 종종 우리를 둘러싸고 있는 환경을 나타내기도 한다. 현재 대적하고 있는 적이 너무 강한 적수임을 말해 주고 있다. 냉각 기간을 갖고 내면의 힘을 기르라고 조언하고 있다. 비를 맞기보다는 먹구름이 지나가기를 잠시 기다리는 것도 현명한 대처 방법 중 하나이다. 이 카드는 어려운 상황에 처해 있을 때, 적극적으로 대응하는 것보다는 잠시 시간을 내어 내면의 힘을 다지고 강화하는 것이 중요하다는 의미를 전달한다.

식스 소드 Six of Swords

삶의 의미는 발견하는 것이 아니라
만들어 가는 것이다.

－생텍쥐페리

이 카드는 이동과 변화, 어려움을 극복하려는 고집스러운 시도, 근심 뒤의 성공, 자기 발전과 향상을 위해 필요한 과정, 이사, 이직, 가족 간의 비밀을 상징한다.

상담의 방향성

오른쪽 강물은 제법 파도가 일렁이는데 다행히 왼쪽 강물은 잔잔하다. 이들은 현재 파도가 일렁이는 곳으로부터 잔잔한 곳으로 나아가고 있는 것이다. 이는 기존의 세계에서 벗어나서 새로운 세계로 떠난다는 의미를 담고 있다. 그 대상이 인간관계나 환경일 수 있다. 우리는 기존의 제한된 세계에서 벗어나 더 큰 가능성과 성장을 위해 새로운 도전과 경험을 추구할 수 있다.

행동에 부주의하지 말고,
말에 혼동되지 말며, 생각에 방황하지 말라.

－마르쿠스 아우렐리우스

이 카드는 부주의, 신중, 회피, 말썽의 소지가 있는 계획, 소망, 시도, 자신감, 부분적인 성공, 조심, 서두름, 재능을 상징한다. 조심스러울 필요성과 단호함이 함께 들어 있다.

상담의 방향성

검의 손잡이를 잡지 않고 검의 날을 잡고 있는 모습은 자기 꾀에 넘어갈 수 있음을 나타낸다. 신중하게 생각할 시간을 가지고 성급하게 행동하거나 충동적으로 움직이지 말라고 조언한다. 행동이나 모든 상황에서 서두르지 말고 검토와 신중을 기하라. 또 다른 방법으로는 어떤 상황에서 손을 떼는 것일 수도 있으며, 전면에서 한발 물러나는 것을 의미할 수도 있다.

에이트 소드 Eight of Swords

걱정 없는 인생을 바라지 말고
걱정에 물들지 않는 연습을 하라

– 알랭

위기, 투쟁, 지배, 스스로 감금, 착각, 소식, 곤경, 체념을 상징한다. 발밑으로는 슬픔처럼 가느다란 강물이 흘러가고 등 뒤에는 견고한 성이 어렴풋이 보인다.

상담의 방향성

여인을 움직이지 못하게 하는 것은 눈을 가린 저 안대뿐이다. 저 칼과 밧줄은 우리 스스로가 만든 허상의 감옥이 아닐까? 여자는 눈을 안대로 가리고 스스로 이 상황을 외면하고 있는 것은 아닐까? 묶이지 않은 다리로 걸어 나오면 상황은 바뀔 수 있음을 명심하라. 두려움 때문에 현실을 정확히 볼 수 없고 스스로 극복해야 할 현실을 무시하며 자신의 힘을 과소평가하지 말고 안대를 벗고 스스로 걸어 나와라.

생각의 칼날이 불면을 부른다.

―자연

근심과 고뇌의 카드이다. 실제 자신의 문제보다 더 심각하게 고민하고 두려워한다. 행동하지 않고 고민만 하는 상태이다. 질책, 걱정, 사랑하는 사람에 대한 근심, 불면, 번민을 상징한다.

상담의 방향성

불안감에 사로잡혀 미리 두려움에 떨며 자신을 괴롭히고 있다. 동일한 크기의 검이 앞으로 정렬된 모양은 매일 똑같은 생각을 고민하며 미루어 걱정하는 것을 의미한다. 하지만 가린 손을 내려놓으면 상황은 걱정하는 것보다 나쁘지 않다. 자신이 미처 보지 못한 아름다운 장미 이불처럼 당신을 따뜻하게 도와 줄 누군가를 발견하게 될 것이다.

텐 소드 Ten of Swords

동 트기 전이 가장 어둡다.

－자연

이 카드는 어떤 일의 종료나 마감을 상징한다. 고통, 괴로움, 정신적 고뇌, 종결, 번민, 실망감, 교착상태, 정복, 여명, 정신적 어려움으로 인한 갈등의 극단의 모습을 보여 준다.

상담의 방향성

10이라는 숫자가 '마무리'의 의미와 함께 '또 다른 시작'임을 알려 준다. 한 가지 명심할 것은 이 카드가 어떤 상황이나 일의 종결을 의미하는 것이지 인생의 마무리를 뜻하는 것은 아니라는 점이다. 여기서는 여명이 밝아오고 새로운 날이 시작되고 있다는 의미를 담고 있다. 이는 과거의 경험과 배움을 토대로 새로운 도전과 성장을 위한 기회를 가리키는 것이다.

인간관계와 감정 알아보기

활동 목표	자기 탐색, 타인과의 관계 탐색			영역	심리
				대상	초등 이상
분야	자기 이해	준비물	타로카드(메이저, 궁정) 38장	집단 구성	5명 모둠
				소요 시간	45~50분
유의 사항	◆ 집단 간의 비밀유지에 대한 원칙을 고지하고 지킬 수 있도록 한다.				

진행	내 용
준비	◆ 대상에 따라 좋아하는 음악을 3분 정도 틀어 준다.
전개	❶ 가장 싫어하는 성격유형의 사람을 떠올리는 카드와 가장 좋아하는 성격유형의 사람을 떠올려 카드를 찾는다. ❷ 자신이 싫어하는 성격유형이 생긴 원인에 대해 이야기한다. ❸ 싫어하는 성격유형의 관계들을 어떤 방식으로 극복해 냈는지 이야기를 나눈다. ❹ 자신이 그런 행동을 경험한 적이 있는지 이야기를 나눈다.
정리 및 기대 효과	◆ 매번 왜 싫어하는 행동이나 유형들에 마음이 걸리고 스트레스를 받게 되며, 관계에 어려움을 겪는지에 대해 인식하고 해결해 나갈 수 있도록 유도한다.

에이스 펜타클 Ace of Pentacles

재물은 발이 달려서
소중히 여기는 자에게 머문다.

– 자연

이 카드는 물질적, 정신적, 신체적 건강과 풍요
로운 마음 상태를 상징한다. 용돈을 받거나 적
금을 타고, 예상치 못한 직업의 제안이나 원하
는 결과를 가져오는 긍정적 신호를 나타낸다.

상담의 방향성

선물 같은 기회가 생기거나 새로운 직장을
찾거나 원하는 결과를 얻을 수 있는 가능성이
열린다. 모든 것이 긍정적인 결과를 얻을 확률
이 높기 때문에 이제 시작하는 것이 좋다. 직장
에서 면접을 본다면 연봉이나 자리 이동, 실질
적인 것을 조율하는 것이 좋겠다. 자신의 목표
와 가치에 맞는 직장을 찾아 나가는 과정에서
좋은 결과를 얻을 수 있을 것이다.

해낼 수 있다는 의지와 믿음이
두 가지 모두 이뤄낼 수 있다.

―자연

이 카드는 융통성과 유연성, 조화와 균형을 유지하려는 상태를 상징한다. 조율과 현실적인 실행력으로 유지하고 노력하는 상황을 나타낸다.

상담의 방향성

계속 이리저리 움직이는 것이 마치 저글링하거나 춤을 추는 것과 같이 느껴진다. 이런 식으로 모든 일을 즐긴다면 원하는 두 가지를 어렵지 않게 해낼 수 있다. 그림에 나오는 띠는 복수전공이나 투잡이 가능하다는 것을 나타낸다. 좀 더 노력을 기울인다면 더 좋을 결과를 얻을 수 있을 것이다. 변화와 개선을 위해 모든 일들이 조화롭게 추진되고 있다.

쓰리 펜타클 Three of Pentacles

세 사람이 힘을 합치면
흙으로 금을 만든다.

이 카드는 훌륭한 기술, 숙련공, 시작, 예술적 재능, 존경, 위임, 지위, 논의, 협력을 상징한다. 아치 기둥에 있는 펜타클은 이 카드에서 유일하게 무채색으로 표현되고 있다.

상담의 방향성

취업이나 현재 진행되는 일에 대해 다양한 전문가들의 통찰력과 경험을 바탕으로 얻을 수 있는 조언은 중요한 지침이 될 수 있다. 또한, 결정을 내리는 과정에서도 다른 사람들의 의견을 경청하고 고려하는 것이 필요하다. 현재 진행 중인 일에 대해 믿음과 신뢰를 가지며 타인과의 협력을 강화하는 것이 중요하다. 나아가 어디에 가치를 두는 것이 바람직한지 검토하는 것은 자기 성장과 목표 달성을 위해 필요한 과정임을 명심하라.

나눔보다 지키는 것이 더 힘들다.

—자연

이 카드는 물질, 현실, 능력, 균형, 인색함, 성공한 상태를 상징한다. 익숙한 상황을 지키고자 하는 경향이 강하다.

상담의 방향성

어떤 성향이든 너무 견고해지면 집착이 된다. 하지만 소유한 만큼 불편할 뿐이다. 자신이 소유한 것을 지키느라 옴짝달싹할 수 없는 이 남자는 인색함을 상징하기도 한다. 그는 자신의 소유물에 대한 집착으로 인해 타인과의 관계나 경험을 소홀히 할 수 있다. 고여 있는 물은 썩어버리는 것과 마찬가지로, 에너지나 능력도 순환하는 것이 중요하다. 우리는 자원을 공유하고 나누는 과정을 통해 더욱 발전하고 성장할 수 있다. 내가 알고 있는 것도 타인과 함께하라.

파이브 펜타클 Five of Pentacles

눈길을 걸을 때도 항상 봄을 생각하며 걸으니
어찌 새로운 봄이 아니겠는가!

이 카드는 결핍, 궁핍, 손실, 실패, 고독, 쓸쓸함, 지침, 도움, 여유, 위안, 정신적인 것을 포함한 외로움을 상징한다.

상담의 방향성

춥고 힘들다고 느낄 때이다. 피난처(성당)를 그냥 통과해 버릴 만큼 그들은 어려운 현실로 인해 마음에 여유가 없다. 몸과 마음이 모두 지쳐 있어 영적으로 풍요로움을 얻을 수 있는 기회가 옆에 있는데도 주위를 둘러보지 못한다. 여유를 가져라. 자신의 목에 있는 금종을 알아차리고 그 소중함을 느낄 수 있으면 좋겠다. 목에 있는 금종과 성당의 스테인드글라스는 영적인 안정과 풍요로움을 상징한다. 따라서 주변 환경에 마음을 열고 주위를 보며 영적인 풍요로움을 찾아가는 것이 중요하다.

당신이 가진 사랑도 물질도
공평하게 나누기란 쉽지 않다.

―자연

이 카드는 마음의 빚, 채권이나 채무 청산, 관대함, 박애주의, 자선사업, 친절, 도움, 공정, 개척, 후원을 상징한다.

상담의 방향성

지금은 저축해 둔 것을 찾아오는 시간이다. 이는 봉사와 노력의 대가가 나타나는 순간으로, 우리가 얼마나 공정하게 살아왔는지에 따라 도움을 주거나 받을 수 있다. 이때 당신은 누가 되고 싶은가? 베푸는 자인가, 아니면 받는 자인가? 베푸는 자라면, 우리 주변에 필요로 하는 사람들에게 도움을 주는 것이 가치 있는 일임을 알아야 한다. 우리의 노력으로 얻은 것들을 나누어 주어서 상대방의 삶을 더욱 풍요롭게 만들 수 있다.

세븐 펜타클 Seven of Pentacles

나는 천천히 가는 사람이다.
그러나 결코 뒤로는 가지 않는다.

－자연

이 카드는 발전이나 중간 단계에서의 휴학, 게으름, 성장, 부지런한 노력, 수확, 진행, 숙고, 망설임을 상징한다.

상담의 방향성

일의 완성 단계에서 잠시 휴식을 취하면서 생각을 차분하게 가다듬고 전력을 모아야 한다는 것을 의미한다. 때때로 이 카드는 어떤 갈림길에 놓였을 때 나타날 수 있지만 대부분은 가던 길을 계속해서 앞으로 나아가면서 일을 완성하라고 조언한다. 이제 곧 포도가 열릴 것이다. 이는 계속해서 노력하여 유종의 미를 거두라는 의미를 갖고 있으며, 앞으로 나아가기 위해 잠시 쉬어가야 한다는 의미도 담고 있다.

반복이야말로 연마의 기술

―자연

이 카드는 연마, 기술, 집중, 약속, 열심히 몰입해서 하고 있는 상태, 시간 집중, 숙련, 노력, 기다림, 꾸준함을 상징한다.

상담의 방향성

이 카드는 꾸준히 하던 일을 계속한다면 곧 좋은 결과를 얻을 수 있음을 약속하는 메시지를 전달한다. 먼 미래에 이루어질 이상향의 모든 것이 현재의 인내와 노력으로 얻는 결과물이 될 것을 암시하고 있다. 따라서 하던 일을 계속해서 진행해 나가는 것이 중요하다. 잘하고 있다는 칭찬과 지지는 내담자를 더욱 분발하도록 유도할 수 있을 것이다. 이를 통해 내담자는 미래에 더 큰 성취를 이루어낼 수 있다.

나인 펜타클 Nine of Pentacles

부는 만족할 줄 아는 데 있고,
귀는 물러남을 구하는 데 있다.

－설원

이 카드는 물질적인 번영, 성취, 통찰력, 여유, 즐기기, 만족, 자신의 토대가 단단함, 취미 활동을 상징한다.

상담의 방향성

두 그루의 나무가 균형을 이루며, 그녀의 장갑 위에 새가 앉는다는 것은 많은 훈련과 노력의 결과라고 할 수 있다. 오늘날 이 여성이 풍요롭고 여유로운 삶을 즐길 수 있는 것은 그 노력의 결실이 그냥 주어지는 것이 아님을 주렁주렁 매달린 포도로 알 수 있다. 그녀는 전혀 외롭거나 고독해 보이지 않는다. 이는 진정한 행복이 자기 자신에게서 비롯되는 것임을 나타낸다. 그녀는 자신의 노력과 헌신으로 인해 안정과 균형을 찾아내어 지금의 풍요로운 삶을 즐기고 있다.

네 안에 살아 있는 조상이
완성과 또 다른 시작이다.

－자연

이 카드는 부유, 안전, 유산, 안정된 삶, 세대, 계
승, 조화, 가족, 기초가 튼튼함, 정신적 풍요, 물
질적 편안, 분배, 실현을 상징한다.

상담의 방향성

물질적인 것과 정신적인 것의 균형과 조화를
이루는 것은 어디에서 배울 수 있는가를 생각
하게 되는 카드이다. 궁극적인 풍요와 안정을
얻기 위해서는 인간을 소중하고 중요하게 여기
는 마음이 필요하다. 선생님, 연장자 또는 선배
로부터 조언을 구하라. 그리고 우리는 하늘에
서 이룬 것처럼 땅에서도 이룰 수 있다는 것을
알아야 한다. 마지막 40번째 카드는 현실에서
행복하게 살아가는 방법을 알려 준다.

컬러를 통해 자기 자신 느끼기

활동 목표	타인을 통해 나를 느끼고 표현하고 소통하는 방법을 배운다.		영역	자신 알기
			대상	초등~성인
분야	심리	준비물	메이저 22장이 들어간 A4용지, 동그라미 컬러(5~10개 가능)가 들어간 A4용지, 펜	집단 구성	5명
				소요 시간	50분
유의 사항	◆ 편안한 마음으로 집단원에게 집중하고 자신의 느낌대로 한다.			

진행	내용
준비	◆ 타로카드 22장이 들어간 A4용지와 컬러가 들어간 A4 용지를 앞에 두고 모둠별(모르는 사람들도 가능)로 인사한다.
전개	❶ 모둠별로 메이저 카드가 들어간 A4용지와 컬러가 들어간 A4용지에 번호 또는 이름을 적는다. ❷ 22장의 카드 그림 중에서 선물로 주고 싶은 카드에 표시한다. ❸ 서로 돌아가며 그 사람이라고 생각되는 컬러에 표기한다. ❹ 서로 왜 그 사람이 이 컬러로 느껴지고 카드를 선물로 주었는지 이야기를 나눈다.
정리 및 기대 효과	◆ 이 프로그램을 통해 무엇을 알게 되었는지 이야기를 나눈다. ◆ 자기가 인식하고 있는 자신과 남이 느끼는 자신을 컬러를 통해 타인과 자연스럽게 공유하고 인식한다.

제 5 장

MBTI로 만나는 16명의 카드별 인물 해석

궁정 카드는 16장으로 구성되어 있으며, 각각의 카드는 다양한 인물들로 표현된다. 이 카드들은 상담 현장에서 유용하게 활용될 수 있다. 또한, 각 카드의 인물 해석을 MBTI 프로그램과 연계하여 이해를 도와줄 수도 있다.

궁정 카드는 소년에서 성인으로의 인성 발전의 다양한 단계를 나타내고 있다. 이 카드들은 땅(地), 물(水), 불(火), 공기(風)라는 4가지 원소와 각각의 원소에 왕, 왕비, 기사, 시종의 특성이 결합되어 총 16장의 인물카드가 형성된다. 이를 통해 다양한 인물의 특성과 발전 단계를 이해할 수 있다.

왕 King
남성성이 강한 자신감 넘치는 지도자

성공한 지배자, 연륜과 경험이 풍부한 중장년을 의미한다. 책임감이 강하고 신뢰의 상징이며 통찰력이 뛰어나다. 높은 직책, 집행력, 자신감, 위풍당당, 경험이 지혜로 연결된다.

왕비 Queen
실질적이며 현실적인 감각을 지닌 여성성이 짙은 권위자

왕과 마찬가지로 성공한 지배자, 연륜과 경험이 풍부한 중장년을 의미한다. 사랑, 수용력, 친근감과 공감, 이해하려는 태도를 지니고 있다.

기사 Knight
활동과 움직임, 자신의 이상을 위하여 열심히 노력하는 탐구자

활동성과 강한 추진력을 가졌다. 한창 모든 것에 왕성한 청년기를 의미하며, 자신의 자리를 열심히 다지는 시기의 사람을 가리킨다.

발랄하고 생동감 넘치는 호기심과 꿈을 찾는 젊은이

유연한 인물, 학생이나 청소년기, 대학생을 의미한다. 이들은 순수하고 한 가지에 집중하거나 여러 가지에 혼란스러울 수 있다. 이는 아직 미숙한 단계에 있다는 것을 의미한다.

MBTI 성격별 유형

유형			T 사고 · Thinking		F 감정 · Feeling	
			J 판단 Judging	P 인식 Perceiving	J 판단 Judging	P 인식 Perceiving
I 내향 Introversion	S 감각 · Sensing		ISTJ	ISTP	ISFJ	ISFP
	N 직관 · Intuition		INTJ	INTP	INFJ	INFP
E 외향 Extroversion	S 감각 · Sensing		ESTJ	ESTP	ESFJ	ESFP
	N 직관 · Intuition		ENTJ	ENTP	ENFJ	ENFP

펜타클의 왕
King of Pentacles

- ◆ 친절하고 참을성이 많으며 다른 사람의 의견을 존중한다.

- ◆ 타인을 배려하고 현실적으로 도와 주려는 성향을 가지고 있다.

- ◆ 규칙과 규범을 잘 지키고 책임감이 강하다.

- ◆ 성실하고 부지런하고 모범적이다.

- ◆ 규칙, 규범, 시간, 약속을 잘 지키고 책임감이 강하다.

- ◆ 예의가 바르고 미리 계획을 세우고 실행한다.

펜타클의 여왕
Queen of Pentacles

- ◆ 성실하고 부지런하며 모범적이다.

- ◆ 세심하고 꼼꼼해서 준비물이나 숙제 등을 잘 챙긴다.

- ◆ 온정적이며 헌신적인 성격을 가지고 있다.

- ◆ 인내심과 침착성이 강하다.

- ◆ 배려심도 있고 힘든 일이 있어도 꾸준히 노력한다.

- ◆ 친한 친구와 가족과의 추억을 소중히 여긴다.

펜타클의 기사
Knight of Pentacles

- ◆ 독창적인 아이디어가 많다.
- ◆ 지적인 호기심이 많고 이상과 기준이 높은 편이다.
- ◆ 맡은 일에 책임감이 있고 진지하게 임한다.
- ◆ 조용하며 소수의 친구와 깊은 관계를 선호한다.
- ◆ 새로운 이론이나 개념에 끌린다.
- ◆ 주관이 뚜렷하고 신념이 확고하다.

펜타클의 시종
Page of Pentacles

♦ 온순하며 착하다는 말을 잘 듣는다.

♦ 타인에게 부드럽고 친절하며 양보를 잘한다.

♦ 속마음이 따뜻한 사람이다.

♦ 마음이 따뜻하지만 잘 드러내지 않는 편이다.

♦ 말로 표현을 잘 하지 않으며 능력에 겸손한 태도를 가진다.

♦ 소수의 친구와 깊은 우정을 유지한다.

컵의 왕
King of Cups

- ◆ 친구에게 관심이 많으며 이야기를 잘 들어 주고 공감한다.

- ◆ 칭찬하는 것을 좋아하며 자신도 인정받고 싶어한다.

- ◆ 친절하고 따뜻하며 정이 많다.

- ◆ 은유적인 표현을 주로 사용한다.

- ◆ 웃음이 많고 동정심이 풍부하다.

- ◆ 마음이 통하는 진실한 관계를 원한다.

컵의 여왕
Queen of Cups

◆ 자신이 꿈꾸는 이상을 실현하기 위해 노력한다.

◆ 생각이 깊고 자신만의 세계를 갖고 있다.

◆ 꿈과 희망을 품고 살아간다.

◆ 주변 사람을 배려하며 따뜻한 마음을 가지고 있다.

◆ 조용하며 소수의 친구들과 깊은 관계를 선호한다.

◆ 걱정이나 고민이 많은 친구의 이야기를 잘 들어 주고 공감한다.

컵의 기사
Knight of Cups

- ◆ 감수성이 풍부하고 낭만적이지만 감정 기복이 있다.
- ◆ 기발하고 번뜩이는 아이디어를 많이 가지고 있다.
- ◆ 상상력이 풍부하며 호기심이 가득하다.
- ◆ 친구와 함께하기를 좋아하며 주변 분위기를 밝고 즐겁게 만든다.
- ◆ 낙천적이며 긍정적인 성격을 가지고 있어 인기가 많다.
- ◆ 감정 표현에 솔직하고 동정심이 많다.

컵의 시종
Page of Cups

- 마음이 따뜻하고 조용하며 책임감도 강하고 성실하다.

- 고민 많은 친구의 이야기를 잘 들어 주고 공감력이 있다.

- 모두에게 즐거움을 주는 따뜻함을 지니고 협력적이다.

- 상상력과 창의력이 풍부하다.

- 예술적 감각도 뛰어나서 주변을 아름답게 꾸민다.

- 겸손하고 느긋한 태도를 가지고 있다.

지팡이의 왕
King of Wands

- 활동적이며 장기 계획을 선호하는 특징이 있다.
- 객관적이고 논리적이며 분석적인 사고력을 가지고 있으며 빠르게 결정을 내린다.
- 목표 달성을 위해 체계적으로 추진한다.
- 솔직하며 결정력과 통솔력을 가지고 있다.
- 친구들 사이에서 리더 역할을 맡고 있다.
- 승부욕이 강하며 카리스마가 있다.
- 에너지와 자신감이 넘치며 활발한 성격이다.

지팡이의 여왕
Queen of Wands

- ◆ 선입견 없고 개방적이며 관용적인 성향을 가지고 있어 갈등 해결 능력이 뛰어나다.
- ◆ 상황에 잘 적응하고 문제를 해결하는 능력을 가지고 있다.
- ◆ 좋고 싫음이 분명하고 솔직담백하다.
- ◆ 주변에 친구가 많고 의리를 중요시한다.

지팡이의 기사
Knight of Wands

- 친구와 함께하는 것을 좋아하며 주변 분위기를 밝게 한다.
- 상황을 빠르게 파악하고 재치있는 반응을 보인다.
- 친절하며 새로운 일에 대한 관심과 호기심이 많다.
- 이론보다는 실생활에서의 경험을 추구하며, 좋아하는 일 에는 빠르게 흥미를 갖고 순간적인 재치도 뛰어나다.

지팡이의 시종
Page of Wands

♦ 열정적이면서도 차분하며 호기심이 왕성하다.

♦ 친한 친구를 제외하고는 수줍어하는 경향이 있다.

♦ 현실적이고 구체적인 사고를 한다.

♦ 독립적이고 혼자 있기를 좋아한다.

♦ 적응력이 뛰어나고 융통성이 있다.

♦ 장황한 표현보다는 간결하면서도 핵심적인 표현을 선호한다.

♦ 객관적이고 공정한 판단력을 가지고 있다.

검의 왕
Knight of Swords

- 냉철하고 지적이며 추진력이 있다.
- 체계적이고 논리적으로 사고하며, 불분명한 상태에 잘 대처한다.
- 흥미가 없더라도 규칙을 잘 지키며 행동한다.
- 옳고 그름이 분명하며 정확하게 의사를 표현한다.
- 약속시간을 잘 지킨다.
- 책임감이 강하다.

검의 여왕
Queen of Swords

- ◆ 세심하고 꼼꼼하여 준비물이나 숙제를 잘 챙긴다.

- ◆ 현실적이고 실용적이다.

- ◆ 상황을 논리적이고 객관적으로 분석한다.

- ◆ 규칙과 규범을 잘 지키고 책임감이 강하다.

- ◆ 약속시간을 잘 지킨다.

- ◆ 주변을 정리하고 정돈하는 능력이 있다.

- ◆ 변화보다는 안정을 추구한다.

- ◆ 표정 변화가 적고 진지하며 조용하고 신중한 성격을 갖고 있다.

검의 기사
Knight of Swords

- ◆ 독창적인 아이디어로 변화와 개혁을 추구한다.
- ◆ 상상력을 발휘하여 자주 새로운 시도를 한다.
- ◆ 열정적이고 에너지가 넘친다.
- ◆ 자유분방하며 여러 분야에 관심이 많다.
- ◆ 자기 논리를 주장한다.
- ◆ 흥미 있는 것에는 자발적으로 빠르게 행동한다.
- ◆ 지적인 호기심이 많다.

검의 시종
Page of Swords

◆ 분석적이고 논리적이며 객관적인 사고를 가지고 있다.

◆ 공정하며 지적인 것에 관심이 많다.

◆ 아이디어가 많지만 잘 드러내지 않는다.

◆ 혼자서 연구하고 어려운 문제를 해결하는 것을 좋아한다.

◆ 지적 호기심이 많아서 관심 있는 분야의 책을 많이 읽는다.

◆ 정서적인 표현에 서툴다.

타인을 통해 자신감 주고받기

활동 목표	타인이 보는 나와 내가 보는 나의 차이점을 이해한다.			영역	자기 탐색
				대상	청소년, 성인
분야	심리	준비물	타로카드 78장	집단 구성	5명씩
				소요 시간	50분
유의 사항	◆ 장점을 말하고 표현은 조심해야 한다. ◆ 상대에게 주는 선물카드로 상대가 자신감을 뿜뿜 느낄 수 있도록!!				

진행	내용
준비	◆ 타인과 자신에 대해 긍정적인 마음가짐을 갖는다.
전개	❶ 모둠에서 돌아가며 순서대로 친구의 장점을 닮은 카드를 고른다. ❷ 1명을 위해 남아 있는 4명이 고르고 그 카드를 고른 이유를 설명한다. ❸ 5명 모두 끝나면 같은 방식으로 마이너 카드에서 선물로 주고 싶은 카드를 고른다. ❹ 선물로 주고 싶은 이유를 돌아가며 설명한다.(예: 응원해, 기운내, 셤잘봐) ❺ 받은 친구는 선물로 받은 카드의 느낌을 이야기한다.
정리 및 기대 효과	◆ 모두의 느낌이 어땠는지 짧게 이야기하며 마친다. ◆ 자신이 모르던 장점을 타인의 시선을 통해 더 많이 발견할 수 있다. ◆ 자신감을 얻는다.

의자

어느 날 나는 의자가 되었다

다리에 꽃이 피고

머리에 구름이 머물다 가는 의자

생각의 의자

결단의 의자

요술의 의자

통찰의 의자

때론

비스듬히 기댄 의자였다가

떠다니는 의자가 되고

삐걱이기도 하다가

이제

내 안의 뜰에서

누군가를

기다리는 의자가 되었다

심리상담사와
타로의 만남

삶에는 정답이 없지요.

나는 심리상담의 도구로 타로를 활용하여 개인 상담과 집단 상담, 그리고 타로 교육과 후학을 양성하고 있습니다. 일반적으로 심리상담은 10회기를 기본으로 하고 있고요.

그러다 보니 심리적이거나 정서적으로 고통을 호소하는 사람들이 경제적이거나 시간적 이유로 포기하는 것을 보며 나는 '저잣거리 심리상담사'가 되기로 결심했습니다. 그래서 내가 선택한 것이 바로 '타로 심리상담'인 것이지요.

타로를 통한 1회기 심리상담!

함께 타로를 읽는 과정에서 내담자 내면의 힘든 부분과 쉽게 만날 수 있습니다. 마음을 꽁꽁 동여맨 내담자가 가슴 속 자신과 만날 수 있도록 도와 주며 안내하는 역할을 수행합니다. 무의식 속에 빠르게 접근해 1회 상담만으로도 커다란 효과를 거둘 수 있습니다.

내가 10년 동안 공부한 심리학과 조화롭게 접목하여 만들어 낸 것이 바로 '타로 심리'입니다. 타로 심리 강의를 통해서 나는 타로의 의미만을 외우듯이 가르치지 않습니다. 또한, '심리상담사'의 자세를 잃지 않고, 내담자로 하여금 자기 자신과 만나게 하는 매개체로서의 역할에 충실하고자 노력하고 있습니다. 이를 통해 현실의 팍팍한 삶에 힘들어하는 이들에게 윤활유가 되고 마중물이 되고자 합니다. 물고기 잡는 법을 가르쳐 주고 싶은 것이지요.

마음이 힘든 누군가에게 다가가는 사람이고 싶습니다.
미완의 나 자신이지만 기꺼이 손을 내밀어 주는 그런 사람 말입니다.
삶이라는 한 척의 배를 '함께'라는 이름으로 노를 저어 나아가고 싶습니다.
함께 노를 저어나가는 물길에는 모두의 그림자까지 따뜻했으면 좋겠습니다.

가장 힘든 시간에 만나 나를 오늘에 이르게 해 준 타로와 함께
앞으로도 꽃처럼, 불꽃처럼 살 것입니다.

타로 상담 일지

20 . . .

오늘의 상담

20 . . .

오늘의 상담

20 . . .

오늘의 상담

20 . . .

오늘의 상담

20 . . .

오늘의 상담

20 . . .

오늘의 상담

20 . . .

오늘의 상담

20 . . .

오늘의 상담

20 . . .

오늘의 상담

20 . . .

오늘의 상담

20 . . .

오늘의 상담

20 . . .

오늘의 상담

20 . . .

오늘의 상담

20 . . .

오늘의 상담

20 . . .

오늘의 상담

20 . . .

오늘의 상담

20 . . .

오늘의 상담

20 . . .

오늘의 상담

20 . . .

오늘의 상담

20 . . .

오늘의 상담

20 . . .

오늘의 상담

20 . . .

오늘의 상담

20 . . .

오늘의 상담

20 . . .

오늘의 상담

20 . . .

오늘의 상담

20 . . .

오늘의 상담

20 . . .

오늘의 상담

20 . . .

오늘의 상담

20 . . .

오늘의 상담

20 . . .

오늘의 상담

20 . . .

오늘의 상담

20 . . .

오늘의 상담

20 . . .

오늘의 상담

20 . . .

오늘의 상담

20 . . .

오늘의 상담

20 　.　 .　 .

오늘의 상담

20 　.　 .　 .

오늘의 상담

20 　.　 .　 .

오늘의 상담

20 　.　 .　 .

오늘의 상담

20 　.　 .　 .

오늘의 상담

20 . . .

오늘의 상담

20 . . .

오늘의 상담

20 . . .

오늘의 상담

20 . . .

오늘의 상담

20 . . .

오늘의 상담

20 . . .

오늘의 상담

20 . . .

오늘의 상담

20 . . .

오늘의 상담

20 . . .

오늘의 상담

20 . . .

오늘의 상담

20 . . .

오늘의 상담

20 . . .

오늘의 상담

20 . . .

오늘의 상담

20 . . .

오늘의 상담

20 . . .

오늘의 상담

20　.　.　.

오늘의 상담

20　.　.　.

오늘의 상담

20　.　.　.

오늘의 상담

20　.　.　.

오늘의 상담

20　.　.　.

오늘의 상담

20 ． ． ．

오늘의 상담

20 ． ． ．

오늘의 상담

20 ． ． ．

오늘의 상담

20 ． ． ．

오늘의 상담

20 ． ． ．

오늘의 상담

20 　.　　.　　.

오늘의 상담

20 　.　　.　　.

오늘의 상담

20 　.　　.　　.

오늘의 상담

20 　.　　.　　.

오늘의 상담

20 　.　　.　　.

오늘의 상담

20 . . .

오늘의 상담

20 . . .

오늘의 상담

20 . . .

오늘의 상담

20 . . .

오늘의 상담

20 . . .

오늘의 상담

20 . . .

오늘의 상담

20 . . .

오늘의 상담

20 . . .

오늘의 상담

20 . . .

오늘의 상담

20 . . .

오늘의 상담

20 . . .

오늘의 상담

20 . . .

오늘의 상담

20 . . .

오늘의 상담

20 . . .

오늘의 상담

20 . . .

오늘의 상담

20 . . .

오늘의 상담

20 . . .

오늘의 상담

20 . . .

오늘의 상담

20 . . .

오늘의 상담

20 . . .

오늘의 상담

20 . . .

오늘의 상담

20 . . .

오늘의 상담

20 . . .

오늘의 상담

20 . . .

오늘의 상담

20 . . .

오늘의 상담

20 . . .

오늘의 상담

20 . . .

오늘의 상담

20 . . .

오늘의 상담

20 . . .

오늘의 상담

20 . . .

오늘의 상담

20 . . .

오늘의 상담

20 . . .

오늘의 상담

20 . . .

오늘의 상담

20 . . .

오늘의 상담

20 . . .

오늘의 상담

20   .   .   .

오늘의 상담

20   .   .   .

오늘의 상담

20   .   .   .

오늘의 상담

20   .   .   .

오늘의 상담

20   .   .   .

오늘의 상담